クラスで育てる ソーシャルスキル

NPO 星槎教育研究所 編著

日本標準

まえがき

星槎大学特任教授／東京学芸大学名誉教授　山口 薫

　「勉強ができる・できない」という場合の「勉強」は「国語」「算数」が中心で，それに「理科」「社会」を加えることがあっても，図画工作や音楽が得意だったり，運動がうまかったりしても普通は「勉強ができる」とは言わないでしょう。でも，これは偏った見方だと思います。

　学校での学習では，「国語」「算数」などの教科も大事ですが，技能教科といわれる「音楽・図工・体育」も大切な教科です。そして，それらの「各教科」と並んで領域として設けられている「道徳」は，日常茶飯事になってしまった不登校・いじめ・引きこもり・非行・自殺，あげくの果ては殺人さえ起こっている学校教育の荒廃を救うために，今，最も重視しなければならない指導領域だと思います。「道徳」といっても昔の「修身」のように教えるのではなく，自己実現をめざすとともに社会で人々と共生できる人間を育てることが道徳教育の目標の一つだと考えます。

　このたび出版されたこの『クラスで育てるソーシャルスキル』では，単に生活技能としてソーシャルスキルを教えるのではなく，それをしっかり身につけるために『ソーシャルスキルワーク』という教材を使用した指導例を紹介しています。教育課程との関係では，道徳のほか，特別活動に主として関係するでしょうが，むしろ教育課程全体を支える基盤になる重要な指導ととらえるべきでしょう。

　第二次大戦後，琵琶湖のほとりに知的障害の子どものための施設「近江学園」を創設された糸賀一雄先生は，「この子らを世の光に」を単なるモットーとしてだけでなく実践において示されました。重い知的障害があっても，あいさつがしっかりできる，他人の脱いだ履き物をキチンと揃えるといったソーシャルスキルを身につけていたため，職場の人たちのお手本になった事例をいくつもうかがったことがあります。

　私も戦後60年間，障害のある子ども，特に知的障害，自閉症，学習障害のある子どもの教育に取り組んできた中で同じような経験をしてきました。障害があってもソーシャルスキルを身につけた立派な人間になれるのですから，障害のない子どもにはソーシャルスキルは一層重要な意義があるのではないでしょうか。

　ところが現在では，少子化問題，核家族化問題とも絡んで，基本的なソーシャルスキルのしつけがなされていない子どもが増えてきています。障害のある子どもだけがソーシャルスキルトレーニング（SST）に取り組むのではなく，本書で提案されているような，クラス全体の社会性を高める活動が必要です。

　しかしながら，このソーシャルスキルは学校だけでうまく学習できるものではありません。本来，0歳からの家庭での子育ての中で育成されなければならないものです。学齢になってからではいささか手遅れの部分もありますが，それが現実ですから，学校でのソーシャルスキルトレーニングには保護者に積極的に参加してもらい，家庭と協力しながら指導することがきわめて重要でしょう。

　本書が，日本の学校教育の荒廃，家庭教育の崩壊の解決に必ず役立つものと確信しておすすめするものです。

2009年6月

もくじ

まえがき　　星槎大学特任教授　東京学芸大学名誉教授　山口 薫　　003

第1章　今，なぜクラスでソーシャルスキルトレーニングが必要なのか？
日本授業UD学会理事　星槎大学大学院准教授
阿部利彦　　007

1. 今，学校現場では　　008
2. やわらかいクラス作りをめざして　　016
3. 個別支援とクラス作りの両輪で　　020
4. 「ふわっと言葉」によるクラス作り　　023

第2章　ソーシャルスキルトレーニングとは何か？
星槎大学准教授　伊藤一美　　029

1. ソーシャルスキルとライフスキル　　030
2. 学校教育におけるソーシャルスキルトレーニング　　036
3. 『U-SST ソーシャルスキルワーク』が取り上げる六つの要素　　043

『U-SST ソーシャルスキルワーク』全ステップの単元構成一覧　　046

おもな発達障害における特徴と支援のしかた　　048

第3章 『ソーシャルスキルワーク』で育成する六つのスキル

NPO星槎教育研究所　安部雅昭　岩澤一美　髙田美香　前嶋深雪　三森睦子　**051**

1. あいさつスキル　053
こんな子どもには…　062
「アイコンタクトができない子」「表情を理解したり，つくったりするのが難しい子」

2. 自己認知スキル　065
こんな子どもには…　075
「自分で自分のことに気づかない子」

3. 言葉・表現スキル　077
【コラム】プラスのストロークを貯めよう！　084
こんな子どもには…　090
「乱暴な言葉遣いがなおらない子」

4. 気持ち認知スキル　093
こんな子どもには…　104
「人の気持ちが読めない子」「自分の感情を出せない子」
認知行動療法とは　星槎大学准教授　西永 堅　107

5.-(1) セルフコントロールスキル　111
こんな子どもには…　129
「パニックを起こす子」「気持ちの切り替えが苦手な子」

5.-(2) セルフマネジメントスキル　133
【コラム】マズローの五段階欲求説　142
こんな子どもには…　143
「忘れ物が多い子」「ぼうっとしている子」「当番活動がうまくできない子」

6. コミュニケーションスキル　145
特別な支援を必要とする子どもとクラスの子どもたち　170

第4章 【実践紹介】やってみた！『ソーシャルスキルワーク』
元東京都新宿区立余丁町小学校教諭　桐蔭横浜大学教授　宮津大蔵　**173**

あとがき
NPO星槎教育研究所理事長　近藤正隆　**199**

第1章
今,なぜクラスでソーシャルスキルトレーニングが必要なのか？

日本授業UD学会理事　星槎大学大学院准教授　阿部利彦

1. 今，学校現場では

…もし，体が三つあったらなと思うんですよね。

［ある学級担任］

（1）学校現場からのSOS

　ここ数年，全国から講演，研修の依頼をいただくようになり，たくさんの先生方と出会う機会が増えました。全国どこでも，現場の先生方は限られた時間と人手の中で，クラスの子どもたち一人ひとりを大切にしつつ，より丁寧なかかわりを必要としている子どもたちにどう対応したらよいか，絶えず悩んでおられます。

　上述のある学級担任の先生の言葉は，現場で汗しておられる先生方の声を代表していると私は感じます。クラスには，個別の配慮を必要とする子が一人や二人ではなく在籍しており，その誰かに対応していると，別なところで問題が起きて，そのことにかかわっていると，また……といった具合に，もぐら叩きのような感じの対応にならざるを得ないことも多いのです。

　クラスの状況はそれだけではありません。落ち着いていたはずの子が，真面目だった子が，勉強が得意な子が，あるとき突然に不安定になり，問題行動を示すようになります。また，配慮が必要な子をからかったり，挑発したり，追い込んだりして，それを楽しむ，といった子どもたちも中にはいるのです。

　そんな厳しい現状を知らずに「もっと一人ひとりを丁寧に」「専門性を磨いて」「個別の時間を作って」などと外野から言われ，先生方は追い込まれています。もったいないことに，真面目な先生，子どもの気持ちがわかる先生，教育に熱い思いのある先生であればあるほど，より追いつめられてしまい，病休に入られたり，辞職さ

通常の学級に在籍する特別な教育的支援を必要とする児童生徒に関する全国実態調査

（2012年 文部科学省）
知的発達に遅れはないものの，学習面や行動面で著しい困難をもっていると担任教師が回答した児童生徒の割合は，6.5％になっている。

れたりするような状況も起こっています。

有識者でつくる「日本の教育を考える10人委員会」が行った「義務教育に関する教育アンケート調査」（2008年8月）によると，対象となった全国の公立小中学校の先生の約62％が「教員を辞めたいと思うことがある」と回答しています。理由のベスト3は「業務の多忙」「教員という職業に魅力を感じなくなった」「教員としての力量に自信がなくなった」というものです。

また，(財) 労働科学研究所が行った「教職員の健康調査」（2006年10月）によると，「対応に注意や時間を要する児童・生徒数」が多いほど，退勤時刻が遅くなる，という結果が出ています。そして，教員の67％がなんらかの強い不安やストレスを抱えているとのことです。

さらに，文部科学省が発表したデータによると，うつ病やパニック障害，統合失調症などの精神疾患で2007年度に休職した公立学校の教員は，4,995人にのぼり，15年連続で過去最多を更新したことがわかりました（2008年12月）。文部科学省の分析によると「子どもや保護者との人間関係で自信を失い，ストレスをため込んでいる」ことが背景にあるとのことです。

> 日本の教育を考える10人委員会
> 義務教育への国の関与の在り方について，研究者および教育関係者が検討する場として2004年に発足した組織（委員長・佐和隆光，立命館大学教授）。

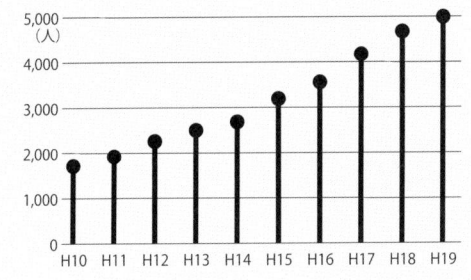
●公立学校における精神疾患による休職者数

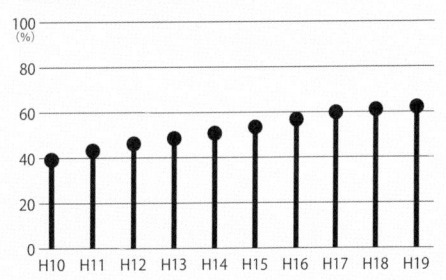
●公立学校における病気休職者に占める精神疾患の割合

「平成19年度教育職員に係る懲戒処分等の状況について」より

これらのデータは氷山の一角だと思います。しかし，私たちの宝物である子どもたちを輝かせてくれる大切な存在である先生方が，今非常に厳しい現実に直面しておられるということは，容易に推測できるのではないでしょうか？

（2）現代の子どもたちの傾向

では、先生にとって、今のクラスにはどのようなストレス要因があるかをさらに考えていきましょう。まず、その手がかりとなるのが、現代の子どもたちの特徴や傾向にあると私は考えています。

実際にクラス観察を行っていると、一部だけではなくそのクラスの子どもたち全体が気になることが多くあります。私が気になった最近の子どもたちの傾向を、以下のようにまとめてみました。

学校で感じる子どもたちの傾向
①先生に自分だけ大切にされたい
②自分に敏感で、他人に鈍い
③楽しいこと、ラクなことに流れる
④気持ちを切り替えることが苦手

①先生に自分だけ大切にされたい傾向

私たちの小学生の頃は、「先生」というのは尊敬すべき特別な存在でした。そして先生は、クラスみんなの先生でした。また、休み時間には、先生と遊ぶよりは友達どうしで遊ぶほうがずっと楽しかった気がします。

ところが最近は、友達との関係より先生との結びつきを優先している子が増えてきています。特に低学年の子の中には、先生に自分だけを見ていてほしい、自分にだけかかわってほしい、という感じの子がたくさんいます。先生にまるで「自分の親」と同じことを期待してしまう子どもも出てきているようです。そして、先生がほかの子にかかわっていると、やきもちから、怒ってその子を突き飛ばす子さえいます。

「僕だけ見ていて」「どうしてわたしのお世話をしてくれないの？」そんな子どもたちがたくさんいると、たとえば特定の子に個別の支援をしている場面を見て、いじけたり、怒ったり、先生を責めたりするクラスメイトが出てくる可能性があります。

②自分に敏感で,他人に鈍い傾向

　相手に対して寛容になれない子どもたちがたくさんいます。しかし,自分はさんざんほかの子に迷惑をかけても平気です。友達の失敗を笑ったり,揚げ足を取ったり,嫌がらせをしたりといったことを,楽しそうにします。先生は「相手の気持ちになってみて」と諭すのですが,なかなか指導が染み込みません。一方で,いざ自分が誰かに少しでも責められると深く傷ついて,「やられた～！」と泣き叫んだり,思いっきり叩いたり,大騒ぎをしたりします。そんな被害感情の強い子が多くなってきているようです。いじめっ子のような存在だった子が,急に学校を休むようになる,というケースもあるのです。

③楽しいこと,ラクなことに流れる傾向

　今が楽しければいい,そんな雰囲気が,子どもたちの間に蔓延してきています。また,好きか嫌いか,楽しいか楽しくないか,が物事の判断基準になっています。授業中,子どもたちの言葉に耳を傾けてみると,「めんどくさい」「これきら～い」「わかんねー」「やりたくねー」「つまんなそう」,そんな言葉が飛び交っています。「じっくり取り組む」「プロセスを楽しむ」といったことの大切さを伝える機会が減ってきていることにも原因があるようです。

④気持ちを切り替えることが苦手な傾向

　あなたの学校で,チャイムが鳴ったときに,さっと席に着ける子が教室にどれくらいいるでしょうか？実際に学校現場をまわっていると,そういう子の数が少なくなってきているように思えます。数多くのクラスを見てきましたが,たとえば,38人中5,6人席に着けばよいほうで,残りの子はずっと話したり遊んでいたりします。先生が教卓の前に立っても反応せず,先生が「座れ,座れ,座れ！」と大声を出さないと着席しません。子どもたちもいやいや座るような感じです。

プライベートな時間（遊びの時間）から，オフィシャルな時間（学習の時間）に気持ちを切り替えることが苦手な子が増えているのです。

つまり，教育相談や生徒指導の対象としてとらえられる子どもたちに見られるような特徴を，クラスの子どもたち全体がもつようになってきているのです。ですから，特定の子どもへの対応を変えただけでは，クラスをまとめきれないということになります。そこに，今の先生方のご苦労がある，と私は思います。

（3）配慮を要する子の周りには

その結果，どのようなことがクラスで起きるかというと，気になる子の周りに，さまざまな問題を示す子どもたちがあらわれてきます。

配慮を要する子の周りにいる要注意人物
①問題行動をまねする子
②わざと刺激する子
③かげでコントロールする子
④トラブルを期待する子ども集団

> **配慮を要する子**
> ここでは，自閉症/高機能自閉症/アスペルガー症候群/学習障害（LD）/注意欠陥多動性障害（ADHD）などの発達障害と診断された子や，それらの障害の症状に近い子を想定している。発達障害についての詳しい説明は，P48〜50参照。
> 発達障害は，いわゆる「普通の子」との境目がなく，診る人によって診断が変わることがある。

①問題行動をまねする子

配慮を要する子の中には，器質的な課題や学習の苦手意識から，長い時間着席していることが難しい子がいます。配慮を要する子本人は，わざとやっているのでも，わがままなのでも，先生に反抗し

ているのでもありません。しかし,そんな姿を見ているうちに,ちゃんと授業を受けていた子どもたちが,その子のまねをするようになってきます。そしてあっという間に,どんどん増えていきます。

　そういう子どもたちが増えてくると,学級経営が成り立たなくなってきます。あちこちでフラフラする子が出始め,一人の先生では対応しきれないようになります。

②わざと刺激する子

　「わざと刺激する子」は,絶妙なタイミングで,相手のいちばん嫌がることをする子どもたちです。そして彼らはなぜか,配慮を要する子から離れずに,いつもそばにいるのです。

　このような関係を「仲が良い」と勘違いして,「あの子たちは仲間ですから」などと言う先生がいます。さらには席まで近くにして教室の端に固めてしまうこともあります。その結果,授業中もからかわれてパニックになっているのに,「あの子たちは似たり寄ったりで,騒がしいでしょう」などと言っていることすらあります。

> パニック
> ➡パニックを起こす子への対応については,P129参照。

③かげでコントロールする子

　このタイプは,どうも勉強はできる子が多いようです。頭はいいけれど,心が育っていないような子です。勉強は塾で学校より先に進んでいるので,授業なんかつまらない。そんなときに,興奮しやすい子をねらって刺激するのです。その子が興奮してパニックになった後,「かげでコントロールする子」はスーッとその場から立ち去ります。そうすると,先生が来たとき,その子だけ一人で騒いでいるかのような状況がつくり出されます。

　中学生になると,パニックになっている生徒を先生の前でなぐさめてみせる,かばうような発言をする,といった巧妙な子が見られます。

　あるいは,配慮を要する子のお世話をしてくれる子がクラスにいるとします。もちろん,なかには純粋に優しい心でお世話をしてくれている子もいます。しかし,その子と長くいっしょにいると,ときどきその子に鉛筆を取られたり,本を破かれたり,叩かれたりといった,損をする経験が積み重なってきます。そして,ある日ふと「何でわたしがこんなことしなきゃいけないの？」と思ったりします。

それを境に，優しいお世話役が「かげでコントロールする子」へと変貌していくことがあります。

④トラブルを期待する子ども集団

これは，現場の先生から教わったことです。自分たちは直接手を下さないけれど，「今日もなんかトラブルが起きないかな」と楽しみにしているグループがクラスの中にあるそうです。

そんな彼らの期待に応えるかのように，「わざと刺激する子」や「かげでコントロールする子」が，配慮を要する子を挑発します。彼らはその様子を楽しんだり，授業が中断した隙に勝手なことをしたりします。そして，そういう集団は，次第に担任に反抗的になり，学級崩壊の火種になることがあります。

（4）個別のかかわりだけが支援ではない！

「対応に注意や時間を要する児童」へのかかわり方としては，一般的に教育相談，学校カウンセリングの視点が重視されてきています。ところが，時間をかけて取り組んだ割に，目に見える効果が出にくいという問題が生じてきています。

というのも，今の子どもたちは，先生と一対一でじっくりかかわっていると，一人ひとりは大変いい子であったり，愛嬌があったり，聞き分けのいい子だったりすることが多いのです。ところが，集団になってしまうと，お互いが影響しあって，先生の指示に反抗的になってしまうのです。先生としては「二人で話し合ったときには約束できたのに」「わかってくれたと信じていたのに」という失望感を感じることすらあるでしょう。

私は，先生に対して反抗的な態度をとる子どもたちと何度も面談をしてきましたが，みな同じような気持ちをもっているようです。「先生のことはいやではないが，クラスの雰囲気に流されてしまう」「先生に反抗するのをいい加減にやめたいが，そのタイミングがわからない」「自分だけやめたらいじめられる」といったものです。子どもたちが強い結束で先生に挑戦しているわけではなく，お互いに疑心暗鬼になっていて，引き際が見つからないのです。

これでは，先生方が子どもたち一人ひとりに言い聞かせても，大

> **学校カウンセリング**
> 問題を抱えている児童生徒とかかわり，問題を解決する力を引き出すことを援助する活動。

きな変化を期待することは難しいでしょう。むしろ、クラスの人的なダイナミックスを変化させるような、クラス全体への働きかけが必要となってくるわけです。

（5）クラス全体の「人間関係力」を高めることがポイント

個別の配慮を必要としている子をわざと刺激して怒らせたり、パニックに追い込んだりする子どもたちを観察してみると、彼ら自身のコミュニケーションのスキルが不足していると感じます。また、一人の子の問題行動につられて模倣している子どもは、特にセルフコントロールの問題をもっているようです。

このように、これまで特定の子どものために必要とされていた「ソーシャルスキルトレーニング」（SST）は、今やクラス全体にとって不可欠なものとなっています。社会環境の変化により、これまでは、日常の生活で自然と身についてきたであろう対人関係のスキルを、十分身につけていない子どもたちが増えてきているのです。

また、あいさつやがまん、人とのかかわりのモデルとなるべき大人たちが、お手本としての態度をとることができなくなっています。たとえば、学校に来た保護者の多くがあいさつしないで下を向いたまま、といったことがあります。学校外では、レジを通る前に商品のお菓子やおにぎりを食べさせてしまい、注意されると「どうせ金は払うんだから」と開き直る保護者などもいます。公の場で、自分の子どもに向かって「キモいやつだな」「ちょーうざいんだけど」などと罵声を浴びせる保護者も。

常識が通じず、当たり前のことが当たり前でなくなったことで、先生方の負担はますます増加する一方です。

しかし、子どもたち全体のスキル不足をそのままにしていると、クラスは荒れていく一方でしょう。そこで、学校教育の中で、クラス全体を対象とし、コミュニケーションスキルやセルフコントロールスキルを底上げする取り組みが喫緊の課題となっています。

人的なダイナミックス
集団の中の人間と人間とのかかわりにおける力関係。

セルフコントロール
(Self-control)
自分の感情や行動を自分で制すること。P111〜参照。

ソーシャルスキルトレーニング
(Social Skills Training)
適切な対人関係をつくる技能を身につけさせるためのトレーニング。「生活技能訓練」と訳されているが、SSTと呼ばれることが多い。

2. やわらかいクラス作りをめざして

あの子がいるおかげで，うちのクラスが

育っているんですよ。　　　　　　　　［ある学級担任］

（1）クラスを安定させることが支援の基本

　配慮を要する子が複数いるクラスで，まず大切なこと，それは「クラスの安定を図る」ということです。子どもそれぞれの個性に合わせた指導を工夫するその前に，まず，クラスの子どもたちとの信頼関係を築き，集団の楽しさ，勉強のおもしろさを教えることが支援のベースだといえるでしょう。

　たとえば，子どもたちは，次に何をやったらいいのか，どう動けばいいのかがわからないと混乱してしまいます。混乱する子どもが多いと，おのずとクラスの雰囲気は落ち着かなくなるわけです。勝手におしゃべりをする子や，手いたずらする子，ウロウロ立ち歩く子も出てきてしまうだろうことは容易に想像がつきます。そんな環境は，クラスのすべての子どもにとって不安定ですし，また「ほかの子もやっているんだから自分も」と感じさせてしまう場合もあるでしょう。

　クラスの雰囲気からざわざわとした混乱をいち早く取り除くことで，配慮を要する子も落ち着いて過ごせる環境ができあがるのです。そのためには，クラスの共通したルールや基準を決め，子どもたちが「友達とどうかかわっていったらよいか」という具体的なスキルを提示する必要があります。

> クラスの安定を図る
> 学習規律の確認や学習環境の整備によって，すべての子どもが集中して課題に取り組めるクラス作りをしていくことが必要である。

（2）「どんなクラスにしていきたいのか」を丁寧に伝えていく

　クラスの子どもたちが共に活動していく雰囲気を作るために，先生は意識的にやわらかい・あたたかいクラス作りを心がけていく必要があります。そのためには，年度当初からクラスの子どもたちと「どんなクラスを作っていきたいか」ということを話し合っていくことが大切になります。

　このような意識的なかかわりだけでなく，クラスの雰囲気というのは先生が自然なモデルとなっているのは言うまでもありません。たとえば，「この班はいつも遅いわね」「またできなかったの」といった先生の声かけが多いクラスでは，うまくできないこと，失敗することは「良くないことである」という感覚が強くなり，お互いの失敗を責めあう雰囲気のクラスになりかねません。

　先生が，できる限り児童・生徒のポジティブな面に注目し，声かけしていくことにより，それをモデルとしてお互いが許しあう，認めあうクラスが育っていきます。たとえば，単に活動の結果を評価するだけでなく「この班は，にこにこ協力できていたね」とか「お互いに上手に助けあえていたよ」といった声かけを工夫することが重要でしょう。

　学級経営の方向性によって寛容なクラスの雰囲気ができあがれば，「どうせ俺なんかできない」と最初からあきらめてしまいがちな子や，「みんなみたいに上手にできない，早くできない」と気持ちが混乱してしまいがちな子も集団活動に参加しやすくなるのです。

（3）けなげで真面目な子どもを大切に

　一週間を振り返り，クラスの子どもたち一人ひとりとどうかかわったかを思い出してみてください。もしかしたら，どうしてもエピソードを思い出せない子が出てしまう場合があるかもしれません。特に，個性豊かな子が多いクラスでは，先生を困らせることもしないし，勉強や運動がずば抜けてできるわけでもない，そんな目立たない子たちの影が薄れてしまうことがあるのです。

しかし，学級経営で大切なことは，そんな「けなげに真面目に静かに」してくれている子たちにも気を配ることではないでしょうか？担任が安心して特定の子にかかわれるのも，実はこういう子どもたちがクラスを支えてくれているからこそなのです。日々の指導に追われ，ついかまってあげられない子どもたちを認め，その存在に感謝することが，やわらかく，あたたかいクラス作りにはとても重要なことなのだと思います。

（4）子どもとの約束を守ろう

　クラスの雰囲気作りを左右するのは，子どもたちが「この先生は信頼できる」と思えるかどうかです。「先生は私たちとの約束を守ってくれる」という体験の積み重ねによって信頼感というのは生まれます。特に配慮を要する子の中には，「自分との約束」を先生が覚えていてくれるか，にとても敏感な子がいます。どうか「先生との約束は破るくせに！」とおっしゃらないでください。彼らの多くは，約束を破りたくて破っているわけではありません。むしろ「君は私との約束を忘れちゃったかもしれないけど，私は覚えているよ。君のことが大事だからね」と言ってあげられる先生は，子どもから信頼されるにちがいないのです。

（5）勇気をもって「謝る」大人のモデル

　さらに子どもたちとの信頼関係作りにとって重要なことは，子どもの気持ちを裏切らないことです。では，クラスの子どもたちが「先生に裏切られた気持ち」がするのはどんな場面が考えられるでしょうか？
　先生にとっては大したことではなくても，子どもたちにとってはとても重要なことがあります。たとえば，子どもたちが楽しみにしていた，「体育」をつぶしたときなどです。配慮を要する子の中には運動が苦手な子がいますので，その子にとってはむしろラッキーかもしれませんが，クラスの中で発言権が強い児童などの中には体育が大好きな子がいます。「後でうめあわせするから」と言っても，結局，他学年との関係でつぶした体育ができなかったときにどうし

たらよいのでしょうか？そんなとき，できれば子どもたちに対して謝る勇気をもってほしいと私は思います。もし，先生がふだんから子どもたちに話しかけ，時間があれば子どもたちと遊び，そうして子どもたちと心を通わせていればきっと許してくれるでしょう。クラスが育っていれば，先生の味方になって「みんな，先生のこと許してやろうぜ」とか「誰にでも間違いはあるよ，先生」と言ってくれる児童が必ず現れることでしょう。

3. 個別支援とクラス作りの両輪で

（1）まずは配慮を要する子をクラスから「浮かせない」こと

　なんらかの配慮を要する子が、他の子と協力して活動に参加できるようになるかどうかを左右するのは何でしょう？それは、その子がクラスメイトの中にどのくらい自然にとけ込めているか、その度合いだといえるでしょう。

　先生が学級活動の中で、「お互い協力するように、仲良くするように」と指導したとします。おそらく特定の時間はその子を受け入れているようであっても、子どもたちの世界はシビアな面があるので、先生の目の届かない、子どもどうしの活動場面では自然とはじいてしまう動きになる可能性があります。

　クラス作りで大切なポイントは、特定児童をクラスから浮かせないことです。個別の取り組みや特別な人的配置（介助員、支援員など）も、クラスの雰囲気に合わせてできる限りさりげなく実施していかないと、その支援自体が「配慮を要する子」をクラスから孤立させてしまうことになりかねないのです。そのような「子どもにとってマイナスの支援」を続けていると、「この子はわたしたちと違う」という思いがクラスに生まれ、特に感覚が鋭い子は「どうも自分は特別視されている」と感じてしまいます。そうなると、互いに協力することは大変難しくなるでしょう。

> **介助員，支援員**
> 2007年4月から小・中学校において障害のある児童・生徒の日常生活動作の介助を行ったり，発達障害の児童・生徒に対し学習活動上のサポートを行ったりする者については，「特別支援教育支援員」という広い概念で整理されることになった。また，その配置については地方財政措置が行われることになった。

（2）活動場面では「どう動いたらよいか」を具体的に示す

　配慮を要する子の多くは，私たちが当たり前にできることが難しく，「場の空気」を読むことや，お手本になりそうな「適切なモデル」を見つけて模倣することが得意ではありません。実は，彼らの多くは，決してみんなといっしょに行動したくないのではなく，どう行動したらよいかがわからず，その結果，クラスメイトから非難を受けて活動に取り組む意欲が失われてしまうことが多いのです。

　そのような場面で「しっかりしなさい」「きちんとやりなさい」といった先生の声かけでは子どもを適切な行動に導くことは困難です。「どう行動したらよいか」を具体的に指示してあげることや，視覚的に何度も確認できるような手がかりを黒板などに示してあげることなどが必要でしょう。

（3）新しい活動は事前に予告しておく

　また，新しい場面や経験したことのない活動に対しては見通しがもちづらく，拒否的な態度をとることが多くなります。できれば，新しい活動の際には「先生はね，今度こんな遊びの会を企画しているんだけど」などと声かけをして，かなり具体的に，イラストなどを添えて説明してあげましょう。さらに，その活動において，その子に対して先生はどのような役割を期待しているか，そして参加してくれることをいかに先生が楽しみにしているかを伝えていくようにします。そのような丁寧なかかわりによって，「僕にもできそうだ」「わたしを先生が必要としている」という感覚を芽生えさせ，配慮を要する子の集団参加意欲を高めることができるでしょう。

　このようなあたたかい配慮を支えに，みんなと活動に取り組むことができ，「楽しかった」「わたしにもできた」という経験を積み重ねていくことが，その子の社会性をも育てるのです。

視覚的な手がかり

どのように活動したらよいかをわかりやすくするために，次のような方法が効果的な場合がある。

・朝の会や帰りの会，授業の流れなどを書いて掲示しておく。

・掃除当番や給食当番の仕事内容やその手順について，絵も入れてわかりやすく示す。

・「口をとじてしずかに」「よいしせいですわる」などの言葉と絵をかいた文字カードを作成し，授業中の注意を促したいときに見せる。

・教室を移動する前に「音楽室に行きます」などの文字カードを見せる。

（4） クラスが育つと，子どもたちが支えあう

　学校で，配慮を要する子が「今年はけっこう落ち着いている」などと言われるときは，その子の中での変化や成長のみならず，周りの環境との相互作用によってその子の落ち着いた状態をつくり出している，という見方もできると思います。つまり，「わざと刺激する子」や「かげでコントロールする子」の少ないクラスや，おだやかな雰囲気のクラスにいると，配慮を要する子にとってマイナスの刺激が少ないので落ち着いていられる，ということです。

　そして，「わざと刺激する子」たちのように「あいつはずるい」「なんであいつだけ」と考えてしまう子どもの行動は，実は「わたしも大切にされたい」「オレだって認めてほしい」という気持ちの裏返しのことが多いのです。ですから，クラスの環境を整えるために，そんな子どもたち一人ひとりの「いいところ」をクラスで認めてあげる場面を積極的に作る必要もあります。

　たとえば，体育の時間に側転や倒立でみんなのお手本になってもらうとか，音楽の時間にピアノの演奏を披露してもらうとか，そういう方法で支援していきます。また，図工の得意な子であれば，夏休みの作品を校長室に飾ってもらうなどのさりげない支援も有効です。また，休み時間や放課後，先生が子どもたちと遊ぶなどの交流する時間をもって，いっしょに汗を流すこともたいへん効果的です。「指導する⇔指導される」という枠を少し緩めた関係を作ることで，子どもと気持ちを通わせることができるからです。

　配慮を要する子の周りにいる子どもたちの気持ちを安定させ，すべての子どもが落ち着いて授業に取り組める環境を醸成し，クラス全体が成長してくることによって，自然に子どもたちが支えあう雰囲気ができあがってきます。そして，クラスがまとまっていくにつれて，配慮を要する子も共に成長していけるようになるのです。

　子どもどうしが高めあう力は，ときに，大人の予想を超えるような，すばらしい効果を生むのです。

子どもたち一人ひとりの「いいところ」を認める特にこれといった目立つところがないような子どもにも目を向けることが大切である。たとえば「当番でなくても仕事を手伝ってくれた」「字を丁寧に書いている」など，「いいところ」を見つけて評価する。
これにより子どもたちの「自分は存在価値があるのだ」と思えるセルフエスティーム（自己肯定感）を高めることができる。

4.「ふわっと言葉」による クラス作り

（1）心をささくれ立たせる「チクッと言葉」

　学校をまわっていて驚かされるのは、子どもたちの言葉遣いです。「死ね」「うざい」「キモい」など、人を傷つける言葉が飛び交っています。保育園でも、幼い子どもたちから「ジジイ、どっから来たんだ」「そばによるんじゃねえ、殺すぞ！」などと言われることがあります。

子どもたちから聞いた「チクッと言葉」

バカ、死ね、しょぼい、のろま、むかつく、何やってんだよ、お前のせいだぞ、あ〜あこぼした、お前だけだぞ

　こういった心に刺さるチクッと言葉が多く聞かれるクラスでは、子どもたちの心が全体的にすさんでいます。
　一方、配慮を要する子が落ち着いて過ごしているクラスでは、「だいじょうぶだよ」「待ってるよ」「いいんじゃない」といった、ホッとする言葉が聞かれることが多いのです。
　最近の子どもたちは、人を傷つける言葉はたくさん知っているのに、人を励ます言葉や、人を元気にする言葉はもっていないことが多いのです。ですから、通常学級において欠かせない支援とは、クラスの中に、フワフワした、やわらかい、あたたかな言葉をたくさん増やしてあげること、そして、子どもたちがもっているボキャブラリーによい言葉の「貯金」を増やしてあげること、だと思います。
　特別な配慮というと、個別指導や心理学的知識が重視されがちですが、私はまず、「クラスの雰囲気をやわらかくすること」こそが

> チクッと言葉
> 左に挙げた言葉のように、相手から言われて嫌だなと思う言葉、人を傷つける言葉を、本書では「チクッと言葉」と表現している。

> 言葉の「貯金」
> ➡P84「プラスのストロークを貯めよう！」参照。

大切だと考えています。

　学級経営の中で，クラスの雰囲気をいかにやわらかくしていくかを考え，実践している先生方がいらっしゃいます。たとえば，子どもたちがお互いの「いいところ」を見つけあう学級活動や，遊ぶときに仲間を誘う方法をいっしょに練習する体験授業などを通じて，友達のよさを見つけたり，相手の気持ちを考えたりすることの大切さを学ばせることを実践されているのです。

　そういうことを丁寧に行って，配慮を要する子どもたちをうまく支えていくような，「あたたかい」クラスを作っていくと，前述のような「わざと刺激する子」たちがいなくなってきます。

　実践されている先生方の中には「特別支援教育についてはよく知らなくて」と謙遜される方もいますが，実は，その先生の学級経営の巧みさ，集団の上手な動かし方によって，多くの子どもたちが救われているのです。

　たとえそこまで計画的な取り組みが無理でも，ふだん先生方がちょっと気になる子に対してしている言葉かけが，そのままクラスの子どもたちのモデルになっていることを，常に忘れず子どもたちに接していただきたいと思います。

　「何やってるの，いつも遅いよ」「あなたはいつもできないんだから」という先生の口癖を，「ミニ先生」となった子どもたちがそっくりまねて使っている様子をよく目にすることがあるからです。

先生がよく使う「チクッと言葉」

「また，あなたなの？　いい加減にして！」
「どうして，こんなこともわからないの？」
「みんなは，○○さんのようになっちゃダメよ」
「本当に赤ちゃんなんだから」
「一年生（幼稚園）からやり直せ！」
「あなたの話はもうたくさん」
「ほら，やっぱり！　失敗すると思った」
「どうせ，これもあなたのしわざでしょ」
「君の話は信用できないわ」
「あ～あ，だからさっきやっとけばよかったのに」
「もういい，クラスから出ていって」
「忘れ物チャンピオンね」

周りにいる私たち大人が，子どもたちの「よいモデル」として，他の人との気持ちよいかかわり方を示していけば，それは自然とクラスの子どもたちに浸透していくものです。

（2）さまざまな「ふわっと言葉」

> わたしが丁寧な言葉を使うと，クラスの子が嫌がるんだよ。　［ソーシャルスキルトレーニングを受けていたAちゃん］

　Aちゃんは，対人関係に苦手さがある，とのことで地域の教育センターで定期的に行われるSSTのグループに参加しています。トレーニングは非常に効果的で，Aちゃんのご両親はとても喜んでいました。ところが，Aちゃんのクラスでは，丁寧な言葉を使うと「いい子ぶってる」「キモい」といって馬鹿にされてしまいます。むしろ「あいつ，うざいよね」とか「ヤバくない？」といった言葉を使う子のほうが受け入れられるのです。

　学校現場では平気で「死ね」「ぶっころす」「キモい」といった「チクッと言葉」が飛び交っていて，そういう言葉を使わないことでいじめられたり，馬鹿にされたり，仲間に入れてもらえない，ということすらあります。ですから，特定の子どもの「人とのかかわり方」や「あいさつのしかた」を訓練しても，それが日常生活に有効とは限らない，というのが今の学校文化なのです。

　そこで，授業などを通じて積極的に「ふわっと言葉」「チクッと言葉」を取り上げている先生方がいます。なかには学校全体で取り組んでいるところもいくつかあります。

　それらの学校で，「自分が相手から言ってもらってうれしかった言葉」として「ふわっと言葉」を子どもたちに書き出してもらいました。すると，大きく三つに分類することができました。

> **ふわっと言葉**
> 相手から言われてうれしくなる言葉，人を励ます言葉を，本書では「ふわっと言葉」と表現している。

ほめる「ふわっと言葉」
よくやったね，すごいな，えらい，さすがだね，○○博士だね

認める「ふわっと言葉」
それっていいねえ，あなたらしくていいよ，君のおかげだ，ナイス

励ます「ふわっと言葉」
次があるよ，心配ないよ，だいじょうぶだよ，もう一度やってみよう，気にしないで，ドンマイ

　そして，「ふわっと言葉」をたくさん挙げることができるクラスでは，ふだんから子どもたちが「ふわっと言葉」を使う機会も多いのです。

　ふだんチクッと言葉がたくさん聞かれるクラスでも，学年や学校で取り組み，チクッと言葉を言われた子の気持ちを考えたり，ふわっと言葉を言われてうれしかった経験などを考えたりしていくうちに，クラスの雰囲気は確実に変わっていきます。

　配慮を要する子の周りに，日常的に「すてきな言葉」を使うお手本になってくれる子どもたちがいれば，どこか特別な場所でトレーニングを行わなくても，お互いに「ふわっと言葉」を獲得できるよい機会に恵まれるのです。

（3）なにげない「ふわっと言葉」＝あいさつ

　「ふわっと言葉」というと，特別に意識しなければならない気がするかもしれませんが，実は大変身近な「ふわっと言葉」があります。それは，「あいさつ」です。おはよう，いただきます，ありがとう，など私たちが自然に使っている「あいさつ」にも，相手を認めたり，励ましたり，ほっとさせたりする力があります。

　私はさまざまな学校にお邪魔しますが，子どもたちがよくあいさつできる学校やクラスはあたたかい雰囲気をもっています。ウサギ小屋のお掃除をしている子どもたちが，手をとめて，わざわざ小屋

> 「あいさつ」のスキル
> ➡ P53〜参照。

の中から「こんにちは」などとあいさつしてくれると，なんだか元気をもらった気がするものです。

　しかし残念ながら，子どもたちの多くがあいさつのスキル不足だといえるでしょう。当たり前にできると思っていたあいさつも，丁寧に教えてあげなくてはならなくなってきています。

　子どもたちに，あたたかい言葉の「貯金」を増やしてあげるためには，私たち自身が，自分の言葉を磨き，たくさんの勇気づけの言葉，励ます言葉のレパートリーを増やしていく必要があるのでしょう。その，私たち大人にとって，「ふわっと言葉」を磨くもっともよい練習の場が，家庭や職員室の中であることは言うまでもありません。

（4）『U-SST ソーシャルスキルワーク』で「ふわっと居心地のよいクラス」を

> 振り返ってみると，私を支えてくれたのは
> クラスの子どもたちでした。　　　　　［ある学級担任］

　私は，全国各地で，先生方が一生懸命子どもたちと向きあう姿を目にし，心を打たれてきました。

　クラスのルールが明確に示され，自分の課題へ取り組むスキルを身につけ，落ち着いた雰囲気の中で授業が進められるとき，クラスの子どもたちはもっている本来の力を発揮することができる，また，先生と子どもたちが信頼しあい，お互いの失敗を許しあう雰囲気ができれば，すべての子どもにとっておだやかな学校生活が保障される，と現場から私は教わったのです。

　本書で紹介する『U-SST ソーシャルスキルワーク』（日本標準刊）は，現場から受け継いだエッセンスをもとに作られています。あいさつ，ふわっと言葉をはじめとする相手の気持ちを大切にした言葉・表現はもちろん，気持ちのコントロールやコミュニケーションのと

り方など，特別な支援が必要な子だけではなく，現代の子どもたちに不足していると思われる「ソーシャルスキル」を学べる教材になっています。お忙しい先生方が，効果的にふわっとあたたかいクラスを醸成していかれるよう，即戦力，心強い「相棒」として使っていただけるものをめざしました。

また本書は，『ソーシャルスキルワーク』を使っていただく先生方，クラスでソーシャルスキルを育てる実践をしていこうと考えている先生方に，理論や実践方法を紹介するものです。本書を先生方の自由な発想のたたき台にしていただき，子どもたちと共に，育ちあうクラスをめざしてください。

「ふわっと言葉」がたくさん聞こえてくる，子どもたちにとって過ごしやすいクラスというのは，実は，先生にとっても気持ちのよい，心地よいクラスとなるにちがいありません。

参考文献

発達障がいを持つ子の「いいところ」応援計画：阿部利彦，ぶどう社 2006
教師の力で明日できる特別支援教育：阿部利彦編，明治図書 2007
クラスで気になる子のサッとツール＆ふわっとサポート333：阿部利彦，ほんの森出版

第2章
ソーシャルスキルトレーニングとは何か？

星槎大学准教授　伊藤一美

1. ソーシャルスキルと
　　ライフスキル

（1）ソーシャルスキルとは

　学校教育法等の改正により，2007年4月から，障害児教育は従来の特殊教育から特別支援教育へと転換されました。これにともない，それまでの特殊教育対象の障害だけでなく，新たに学習障害（LD）や注意欠陥／多動性障害（ADHD），広汎性発達障害（PDD）等の発達障害をもつ児童・生徒も特別支援教育の対象となりました。

　このような状況の中で，先に挙げたような発達障害を抱える児童・生徒に対する支援の一つとして，今，注目されているのが，「ソーシャルスキル（Social Skills）」の指導です。

　ソーシャルスキルとは，一般的には，**「社会の中で他人と交わり，共に生活していくために必要な能力」**のことをいいます。言いかえると，対人場面において，相手に適切かつ効果的に反応するために用いられる言語的・非言語的な対人行動のことで，広い意味では，その対人行動のもととなる認知的側面や感情の統制を含みます。

　ソーシャルスキルという概念については，さまざまな研究者によって定義が試みられていますが，いずれも，ソーシャルスキルを社会的適性の構成要素の一つとして位置づけていて，個人の能力というより社会適応，すなわち，社会の中で要求される能力と考えられています。

　では，具体的にはソーシャルスキルとはどのようなものでしょうか？たとえば，あいさつ……朝会ったら笑顔で「おはよう」と言う，話しかけられたら気持ちのよい返事を返す，お世話になったらお礼を言う，迷惑をかけたら謝る……これらは社会で円滑な対人関係をむすぶための基本的なソーシャルスキルといえます。

　学校生活の中で，うまく友達とかかわることができず孤立してしまっている子がいたとします。その子は友達と遊びたいのに声のか

特別支援教育
2006年に「学校教育法等の一部を改正する法律案」が可決・成立し，2007年4月から正式に特別支援教育が実施されることとなった。

発達障害
発達障害者支援法では，発達障害を「自閉症，アスペルガー症候群その他の広汎性発達障害，学習障害，注意欠陥多動性障害その他これに類する脳機能の障害であってその症状が通常低年齢において発現するものとして政令で定めるもの」と定義している。

ソーシャルスキルの概念
たとえば「対人行動・自己に関する行動・課題に関する行動で構成される」とするものや「状況に特化したパフォーマンスを生み出す，目に見える行動と社会的な認知プロセス」とするものなどもある。

け方やタイミングがわからなかったり，あるいは自分の言いたいことを上手に伝えることができず乱暴な言動をとっているのかもしれません。このような子は，「効果的なコミュニケーション」をとるソーシャルスキルが身についていないと考えられます。感じのよい声のかけ方，相手の気持ちも考慮しつつ自分の言いたいことを伝える言い方や態度などをスキルとして身につければ，友達とよい関係をもつことができます。このようなスキルもソーシャルスキルの一つです。

さらに，このソーシャルスキルと似た概念として，「ライフスキル」という言葉があります。

（2）ライフスキルとは

WHO（世界保健機関）は1993年，どの時代，どの文化社会においても，人間として生きていくために必要な力があるとし，それをライフスキルという概念として提唱しました。そして，「ライフスキルとは，個人が日常生活の欲求や難しい問題に対して効果的に対処できるように，適応的，前向きに行動するために必要な能力である」と定義しています。

この概念が提唱された背景には，先進国などで社会問題化している青少年のさまざまな危機的状況を未然に防ぐ方法として，発達段階に応じたライフスキルを身につけさせる必要性が指摘されていたことがあります。

ライフスキルには，次の10のスキルがあります。

① **意思決定**（Decision making）
　生活に関する決定を建設的に行う力。
② **問題解決**（Problem solving）
　日常の問題を建設的に処理する力。
③ **創造的思考**（Creative thinking）
　直接経験しないことを考える，アイデアを生み出す力。
④ **批判的思考**（Critical thinking）
　情報や経験を客観的に分析する能力。
⑤ **効果的コミュニケーション**（Effective communication）
　文化や状況に応じた方法で，言語的または非言語的に自分を表現する能力。

> 青少年のさまざまな危機的状況
> 薬物の乱用，飲酒喫煙，無防備な性行為，学校中退・退学などが挙げられている。

⑥ **対人関係スキル**（Interpersonal relationship skills）
　好ましい方法で，人と接触・関係の構築・関係の維持・関係の解消をすることができる。

⑦ **自己認識**（Self-awareness）
　自分自身の性格，長所と短所，欲求などを知ること。

⑧ **共感性**（Empathy）
　自分が知らない状況に置かれている人の生き方であっても，それを心に描くことができる能力。

⑨ **情動への対処**（Coping with emotions）
　自分や他者の情動を認識し，情動が行動にどのように影響するかを知り，情動に適切に対処する能力。

⑩ **ストレス・コントロール**（Coping with stress）
　生活上のストレッサーを認識し，ストレスの影響を知り，ストレスレベルをコントロールする。

　以上の10のスキルを，それぞれの関連性から次の五つにまとめることもできます。

> ● 意思決定スキル（意思決定，問題解決）
> ● 目標設定スキル（創造的思考，批判的思考）
> ● コミュニケーションスキル（効果的コミュニケーション，対人関係スキル）
> ● 自己肯定スキル（自己認識，共感性）
> ● ストレスマネジメントスキル（情動への対処，ストレス・コントロール）

　このようにみていくと，ライフスキルもソーシャルスキルと同じく対人行動を主とした概念ですが，ソーシャルスキルが社会のルールや対人コミュニケーションを主とした社会的なスキルを指しているのに対して，ライフスキルは，ひとりで生きる力，課題を解決する力である生活的なスキルを指しています。つまり，ソーシャルスキルはライフスキルのうち対人的な場面で必要とされるスキルととらえることができるでしょう。
　このライフスキルという概念は，積極的に学校現場に取り入れられてきました。たとえばイギリスでは，小中学校で人格的・社会的

ストレッサー
ストレスを引き起こす物理的・精神的因子。病気・怪我，人間関係のトラブル，寒暑，騒音など。

健康教育 (PSHE) という名前の教科を設定して，特にこうした能力の育成を図っていることが知られています。

また，わが国においても，ライフスキルの育成を見据えたさまざまな実践を行っている学校があります。

（3）ライフサイクルからみたソーシャルスキルとライフスキル

ソーシャルスキルやライフスキルは，どちらも私たちが集団(学校生活・地域社会)で生きていくためには，身につけなくてはならない基本的な生活能力です。ここでは，これらのスキルをライフサイクルの側面から考えてみましょう。

子どもはどのようにして対人的な関係をむすぶようになるのでしょうか？乳児は生後まもなく，母親(養育者)の顔を選択的に好むことが知られています。その後，0歳代の乳児は，養育者の気持ちを自ら感じ取る"情動調律"や大人に絶対的な依存を求める"基本的信頼感"などのコミュニケーションの基盤となる反応を通して，周囲にいる大人(養育者)との関係を築き始めます。1～2歳になると言語を獲得し始め，大人との相互交流が可能になります。2～3歳には，言語を媒介としてコミュニケーションが成立するようになります。

このように大人との相互交流は0歳代から始まりますが，子どもどうしの相互交渉は1歳から見られるようになり，幼児期（3～5歳）に入ると，幼稚園や保育所に通うことを通して子どもたちは積極的に集団の活動に参加するようになります。子どもどうしの相互交渉は，以下のようなソーシャルスキルやライフスキルの発達に大きな役割を果たしていることが指摘されています。

- 他者理解と共感
- 社会的カテゴリーの理解
- 社会的規則の理解
- コミュニケーション能力の訓練
- 自己統制能力の獲得

ところで，他者の思考・感情・視点を理解する能力として「役割取得」という考え方があります。役割取得の概念については，ミー

PSHE
Personal, Social and Health Educationの略称。1980年代に導入され，健康教育のほかに対人関係や社会参加，経済教育などを盛り込んでいる。

情動調律
相手の行動や状況から，相手の感情を推察し，それに対して反応する行動のこと。子どもは，生まれた直後から養育者とのやりとりによって感情・情動の響きあいを重ね，場面や人によってそれぞれに期待できることを区別できるようになると考えられている。

役割取得能力
自分の気持ちや考えだけでなく、他者の視点でその人の考えや気持ちを推し量り、対人関係を調整する能力。

ドやフラベル，セルマンらにより論じられてきました。それらの論を総合すると，役割取得能力は，幼児期から青年期にかけて発達し，その発達には以下に示したような段階があると考えられます。

①自己中心的役割の発達(4歳頃)
　自己の視点と他者の視点が未分化で，両者の視点を関連づけることができない。他者の表面的に見えている感情は理解できるが，他者が異なる見方をもつことは理解できない。

②主観的役割取得(6〜8歳頃)
　自己と他者の視点は分化できるが，視点の関連づけができない。状況により他者が異なった感情や考え方をもつことに気づくことはできるが，他者の視点に立つことはできない。

③自己内省的役割取得(8〜10歳頃)
　自己と他者の視点が分化され，他者の視点に立って自己の思考や感情を内省できるが，双方の視点を相互的に関連づけることはできない。

④相互的役割取得(13〜16歳頃)
　自己と他者の視点の両方を考慮する第三者的視点をとり，両者の視点を同時的に相互的に関連づけることができる。

⑤質的体系の役割取得(青年期以降)
　相互的のみならず，より深いレベルで相手を概念化する。

⑥象徴的相互交渉の役割取得(成人期)
　他者の主観そのものは経験できないが，推論により互いに理解しあえるようになる。

　役割取得の発達段階をみていくと，役割取得はソーシャルスキルやライフスキルを獲得するための基礎となる能力であることがわかります。たとえば，6〜8歳の発達段階では自己の視点と他者の視点は分化できるので，この時期には友達の表情から気持ちを読み取り，なぜそんな気持ちになったのかを認知するスキルを習得することはできるということです。さらに8〜10歳頃には，他者の視点に立って自己の思考や感情を内省できるようになるので，「このように言ったら相手はどう思うか」を配慮しながら自分の主張をするようなスキルの習得も可能だということです。

また，子どもにとって重要な対人的な行動として，遊びが挙げられます。遊びは，一般的に重要であることは知られていますが，その効果的な側面として，①**身体・運動の発達**，②**知的発達の促進**，③**社会性の成熟を促す**，④**人格の発達**，⑤**教育的効果の促進**，⑥**道徳的訓練**，⑦**心理治療**があると考えられており，遊びもまたソーシャルスキルやライフスキルと関連していることがわかります。

　以上のことから考えると，ソーシャルスキルやライフスキルの獲得は，乳幼児期の生活を通しておのずと始まり，そののち，就学後には学校生活という重要な集団生活を経験しながら，青年期以降も続いていくべきものであるといえるでしょう。
　そこで大切なのは，ライフサイクルに応じたスキルの獲得をめざすという視点です。ライフサイクルの特徴から考えると，幼児期は対人コミュニケーションを主としたソーシャルスキルが重要な時期であり，思春期・青年期には自立した社会生活が送れるようになるためのライフスキルの重要性が高いといえます。その間にある児童期は，役割取得の能力が発達し対人関係の能力も必要となる時期で，幼児期よりも高度なソーシャルスキルの獲得が必要となります。一方，思春期から重要となるライフスキルの獲得も始めなければなりません。つまり児童期には，ソーシャルスキルとライフスキルの両方が重要であるといえます。
　ソーシャルスキルが獲得されていなければ，生活上の課題を解決していくライフスキルの獲得が困難であることは言うまでもありません。小学校のうちに必要なソーシャルスキルを段階的に身につけることは，非常に重要な課題だといえます。

［ソーシャルスキルとライフスキルの発達（イメージ）］

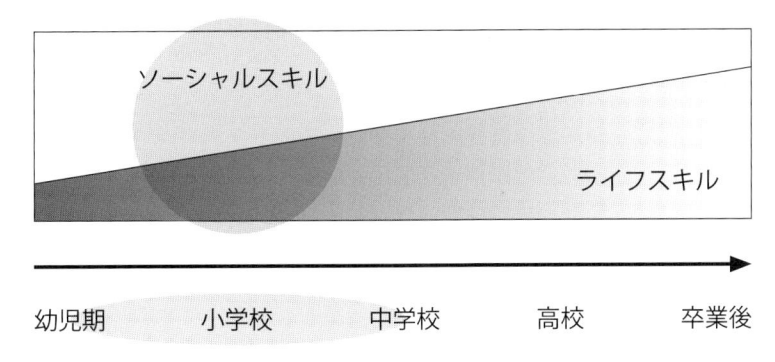

幼児期　　小学校　　中学校　　高校　　卒業後

2. 学校教育における
　ソーシャルスキルトレーニング

（1）支援が必要な子どもに対する
　　　ソーシャルスキルトレーニングの観点

　前述したように，2007年度にスタートした特別支援教育という新たな学校教育のあり方は，従来の障害児教育のあり方を大きく転換しました。学校教育全体のこうした改革をふまえ，学校現場では，ソーシャルスキルの指導に大きな注目が集まっています。その理由は，知的な発達の遅れを伴わない学習障害（LD）や注意欠陥／多動性障害（ADHD），高機能自閉症，アスペルガー症候群などの発達障害がある子どもたちは，学校生活において，対人関係にしばしば大きな困難を示すからです。

　たとえば学習障害では，その主要な症状は，読み書き障害と算数障害です。幼児期にその判別は困難ですが，言語発達やその他の概念の獲得において，認知の偏りが認められ，対人関係につまずきを示すことが指摘されています。

　ソーシャルスキルやライフスキルなどのスキルは，先天的に獲得される能力ではありません。それらは，集団生活における経験を通して獲得されるものです。しかし，これらの子どもたちは，それぞれ社会的なスキルや生活的なスキルの獲得になんらかの困難さを抱えており，単に学校生活，家庭生活，社会生活を過ごすだけではスムーズな対人関係を築くことが難しいのです。

　その困難さは障害の程度や個人の置かれている環境によってさまざまです。長い時間注意力を保つことが苦手で聞き間違いが多い子，聞いたことをすぐに忘れてしまうような子は，ちゃんと聞いていないと叱られたり，聞き間違えたことを友達に伝えてしまって「うそつき」と非難されたりして傷ついてしまうことがあります。人の表

ソーシャルスキルトレーニング (Social Skills Training)
対人行動の障害やつまずきをもつ人に対して，必要な社会的スキルを積極的に学習させながら，それらの障害やつまずきを改善しようとする治療技法。認知行動理論などを背景に1970年代以降に発展した技法で，当初，うつ病や統合失調症の患者の対人行動を改善する目的で始まった。その後，対象が児童・幼児にまで広げられていき，発達障害をもつ人たちの対人行動の改善にも適用されるようになり，最近では学校教育でも活用されている。

おもな発達障害における特徴と支援のしかたについては，
→P48～50参照。

情が読み取りにくい，言葉に含まれている意味や雰囲気が理解しにくい，思ったことを相手の気持ちを考慮せずに口にしてしまうような子は，相手の気持ちを考えない自分勝手な子だと誤解されやすいのです。このようなことが原因となって友達との人間関係がうまくつくれなかったり，集団生活が送りにくかったりする状況が生まれがちなのです。

　そのため，このような対人関係につまずきを示す子どもたちに，それぞれの年齢で期待されるスキルを身につけるためのソーシャルスキルトレーニングの必要性が指摘され，特別支援学級や通級教室等の小集団あるいは個別の指導場面において行われてきました。また，発達障害をもつ子どもたちの支援をめざす専門の医療機関や療育機関などにおいても，同様に，小集団でのトレーニングを主として，さまざまなスキルの獲得のための支援が行われてきました。

（2）ソーシャルスキルトレーニングの基本的な指導方法

　ソーシャルスキルを子どもたちに指導するにあたっては，どのようなスキルを身につけさせるかによってもその指導方法は変わってきますが，以下のような方法を用いるのが一般的です。これは発達障害をもつ子どもだけを対象としたトレーニングの場合だけではなく，通常の学級での指導においても有効な方法です。

①言葉で説明する

　子どもたちに身につけさせたいスキルがなぜ必要なのか，そのスキルが身についているとどのような効果があるのかなどを先生が言葉によって説明します。口で言っただけでは子どもたちの理解が十分でないような場合には，伝えたい内容を図示したり，ポイントを書き出したものを表にして掲示したりします。

②モデリング

　モデリングとは，身につけさせたいスキルの手本を実際に示して見せて学ばせることです。先生がやってみせたり，すでにそのスキルを身につけている子どもにやってもらったりします。実際に実演できないようなときは，ビデオや写真を見せてもよいでしょう。子どもたちは，先生や親の態度をモデルとして見て学ん

でいますので，日常の接し方にも注意が必要です。

　また，不適切な場面を演じてみせてどこに問題があるかを考えさせる場合，その不適切なモデルそのものをまねしやすいので，低学年では特に注意が必要です。

③リハーサル

　リハーサルとは，スキルを先生や友達を相手に実際に練習してみることです。ソーシャルスキルの指導では，おもにロールプレイングの手法が用いられます。頭ではわかっていてもなかなか行動に結びつかないということもあるので，実際にやってみることが大切です。高学年になると，恥ずかしさから真面目に取り組まない子が出てくるかもしれませんが，やってみることの大切さを話し，先生が率先して取り組んでみせるなど毅然とした対応が必要です。また，一回やってみて終わりにするのではなく，くり返し練習して自然な行動としてふるまえるようになることが大切です。

④フィードバック

　フィードバックとは，子どもの反応が適切であった場合にはほめ，不適切であった場合には修正の指示をすることをいいます。適切であった場合のほめ方も，ただほめるのではなく，どんなところがよかったのかを具体的に示す必要があります。また，不適切であった場合には，ただ「だめだ」と否定するのではなく，「こうすればよい」というようにやはり具体的に言うようにします。

⑤定着化

　教えたスキルが指導場面以外のどのような場面や相手であっても発揮できるように促します。子どもたちが実際に学校以外の家庭や地域社会の中でも教えられたスキルが使え，適切な人間関係が築けるように先生が課題を与えたりしてそのお膳立てをします。

（3）現在の子どもたちの特性とユニバーサルデザインのソーシャルスキルトレーニング

　今，学校現場では，さまざまな課題が山積しており，その中でも，大きく取り上げられることが多いのが学力低下の問題です。しかし，学校現場が抱える問題は，学力低下だけではありません。

　大きな問題の一つとしては，子どもたちにとって必要なソーシャルスキルが十分身についていないということが挙げられます。そのために，相手の気持ちを思いやることなく自分の主張をしてしまう，規律を守れず，何かを成し遂げて達成感を覚える前に不適切な行動をとってしまう，友達との関係がうまくつくれずいじめ・いじめられの関係に陥ってしまう，というような状況が見うけられます。

　少し前までであれば，ソーシャルスキルは日々の暮らしの中で自然に身につけられたものでした。ところが現在は，家庭や地域の中では子どもたちに十分なソーシャルスキルが身につかなくなってきました。その背景には，地域の教育力が低下して，注意したりほめてくれたりする他人がいなくなったこと，また，家庭の教育が少子化，核家族化，兄弟の減少，多忙などのために過保護・過干渉あるいは放任の方向に向かっていることなどがあります。いわゆる"人間関係"が以前に比べて希薄な社会になっているのです。

　今の子どもたちは，他人と接触する機会が減ってきていることもあって，相手と上手にコミュニケーションをとる能力が劣ってきているように感じられます。そこには，インターネットやテレビゲームの普及による子どもたちの遊びの変化——友達どうしでルールを決めて遊ぶ遊びから相手とコミュニケーションをとらずにすむ遊びに変わってきていることも一因としてあると考えられます。

> 子どもたちの遊びの変化
> ➜ P41の調査結果参照。

　また，各種調査によると，今の日本の子どもたちは海外の子どもたちと比べると自己肯定感が低く，マイナス思考になりやすいという傾向が見られます。「どうせ自分なんかにはできない」というように，自分に対する自信がとても低くなっています。日本青少年研究所が2008年に実施した調査では，「私には人並みの能力がある」と思うかどうかという質問に対して「とてもそう思う」と答えた中学生は，アメリカでは55.6％，中国では49.4％ですが，日本では13.0％という結果です。韓国は7.6％と日本よりも低くなっていま

> 自己に対する認識の調査
> ➜ P42の調査結果参照。

すが、「まあそう思う」を合わせると73.7％になります。日本は「まあそう思う」を合わせても53.4％にしかなりません。「私には能力がある」とか「自分には価値がある」というふうに考える子どもが日本ではとても少ないのです。またそれとは裏腹に、「プライドが高く、現実の自分を受け入れにくい」「失敗を恐れる」などの傾向もうかがわれます。このように適切な自己認知ができていない状態では、子ども自身が自己肯定感を獲得していくのは難しいでしょう。

　また、最近は小学生による暴力事件や傷害事件が多発しています。この背景には、「自己中心的で、相手の気持ちを推し量れない」、「感情のコントロールが苦手で、さまざまな感情が怒りとして表現されやすい（すぐキレる・むかつく）」、「気持ちの切り替えが苦手で、ネガティブな感情を引きずりやすい」など今の子どもたちのセルフコントロールの能力が低いことも影響していると思われます。

　このように、今の子どもたちの中には、ソーシャルスキルの基礎となるコミュニケーション能力の未熟さから、友達との関係づくりにさまざまな支障をきたす子どももいます。また、他者の気持ちを理解し、自分の感情をコントロールする"自己統制能力"が不足している子どももいます。そういう子どもたちは、将来自立した社会生活を送る上で、大きな困難を抱えることになります。また、その子の個人的な問題だけでなく、学級経営や学級での仲間づくりが困難になることがあります。

　このような子どもたちがいる学級では、学級全体でのソーシャルスキルの学びの場が必要だと思われます。ソーシャルスキルトレーニングは、前述したようにもともと社会性が身につきにくい児童・生徒だけを対象に実施されてきましたが、こういった現状により、クラスの子ども一人ひとりのソーシャルスキルを高めるためにも、全体で実施する必要性が生じてきたのです。

　そこで、特別な配慮を要する子のためだけでなく、クラス全体のソーシャルスキルを高めるための教材として星槎教育研究所と日本標準で共同で開発したのが、ユニバーサルデザイン型ソーシャルスキル教材『U-SST ソーシャルスキルワーク』です。これは、特定の児童を対象にするのではなく、クラス全員が共にソーシャルスキルを学び、みんなで考えていく教材ということで、ユニバーサルという語をつけています。（ワークで取り上げる要素や構成について

ユニバーサルデザイン
ユニバーサルデザインとは、文化や言語の違い、障害や能力のいかんを問わずに利用することができる施設や製品のことをいう。1985年にロナルド・メイスが提唱した。

は，次の3で詳述します。）

　このワークでは，個人のソーシャルスキルを高めるのはもちろん，集団生活におけるルールやマナーを守ることの意味を考えたり，仲間とのよりよい関係をつくる方法を学んだりできる内容となっています。

　このワークは，（2）で説明したソーシャルスキルトレーニングの指導法のおもに「①言葉で説明する」で効果的に活用することができます。また，ワークに出てくる場面などをロールプレイングすることで，「②モデリング」や「③リハーサル」にも活用することができます。

◆子どもの遊びに関する調査 (2003年 神奈川県教育委員会調べ)

　以下は，神奈川県内公立小学校の2・4・6年生を対象に行った調査結果の抜粋です。

①最近，どんな遊びをしていますか。

1位	テレビゲーム
2位	トランプ
3位	ドッジボール
4位	パソコンゲーム
5位	カードゲーム

②最近，次のような外遊びで遊んでいますか。

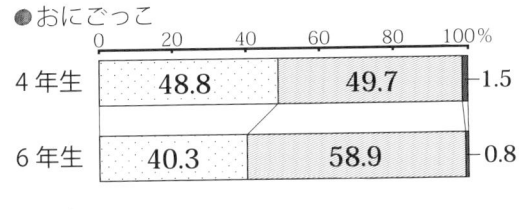

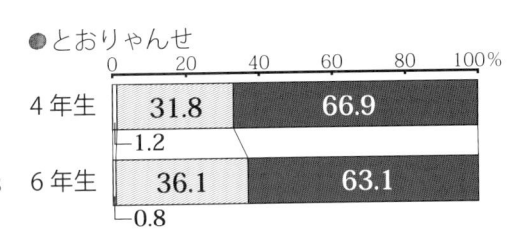

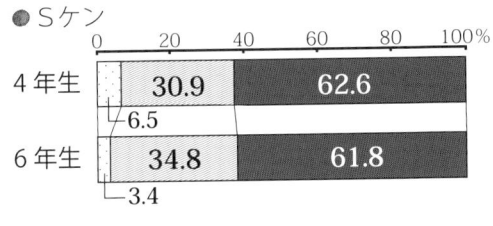

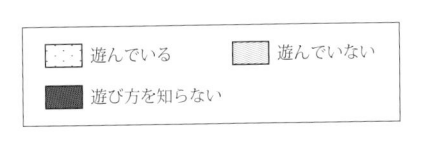

●おにごっこ

4年生	48.8	49.7 — 1.5
6年生	40.3	58.9 — 0.8

●とおりゃんせ

4年生	31.8	66.9（-1.2）
6年生	36.1	63.1（-0.8）

●Sケン

4年生	30.9	62.6（-6.5）
6年生	34.8	61.8（-3.4）

凡例：遊んでいる／遊んでいない／遊び方を知らない

③1週間のうち，何日くらい外で遊びますか。

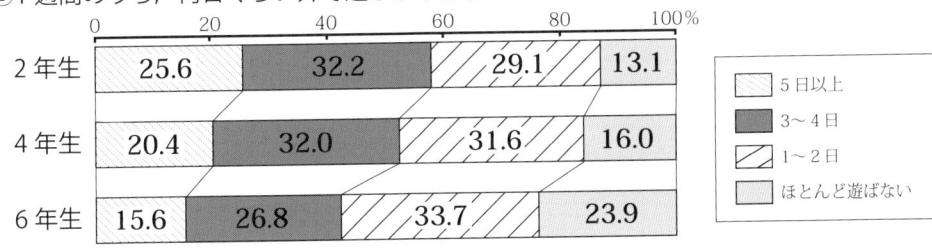

	5日以上	3〜4日	1〜2日	ほとんど遊ばない
2年生	25.6	32.2	29.1	13.1
4年生	20.4	32.0	31.6	16.0
6年生	15.6	26.8	33.7	23.9

◆自己に対する認識の調査

下の調査結果は、①は東京都立川市で行った中学生を対象にした意識調査、②③は、韓国・中国・米国・日本の中学生を対象にした意識調査によります。

①あなたは自分のことについて次のようなことを思いますか。

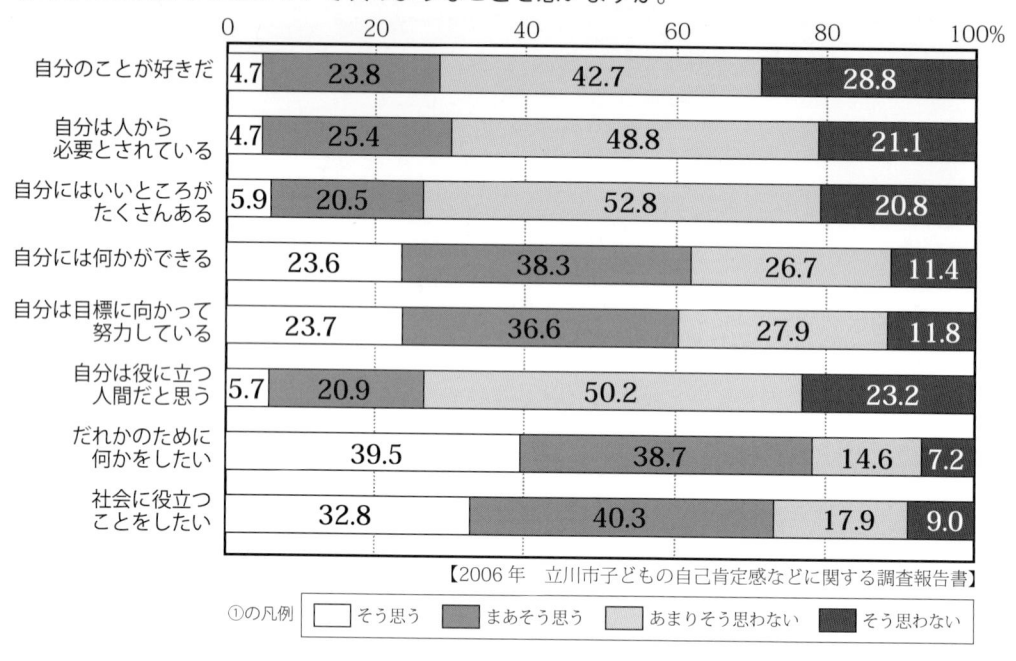

項目	そう思う	まあそう思う	あまりそう思わない	そう思わない
自分のことが好きだ	4.7	23.8	42.7	28.8
自分は人から必要とされている	4.7	25.4	48.8	21.1
自分にはいいところがたくさんある	5.9	20.5	52.8	20.8
自分には何かができる	23.6	38.3	26.7	11.4
自分は目標に向かって努力している	23.7	36.6	27.9	11.8
自分は役に立つ人間だと思う	5.7	20.9	50.2	23.2
だれかのために何かをしたい	39.5	38.7	14.6	7.2
社会に役立つことをしたい	32.8	40.3	17.9	9.0

【2006年　立川市子どもの自己肯定感などに関する調査報告書】

①の凡例　□そう思う　■まあそう思う　□あまりそう思わない　■そう思わない

②私には人並みの能力がある。

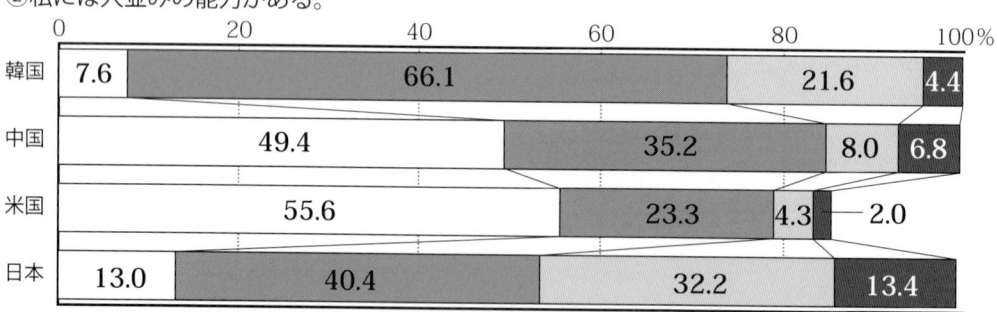

国	とてもそう思う	まあそう思う	あまりそう思わない	全くそう思わない
韓国	7.6	66.1	21.6	4.4
中国	49.4	35.2	8.0	6.8
米国	55.6	23.3	4.3	2.0
日本	13.0	40.4	32.2	13.4

【2008年　中学生・高校生の生活と意識調査報告書／日本青少年研究所】

③自分はダメな人間だと思う。

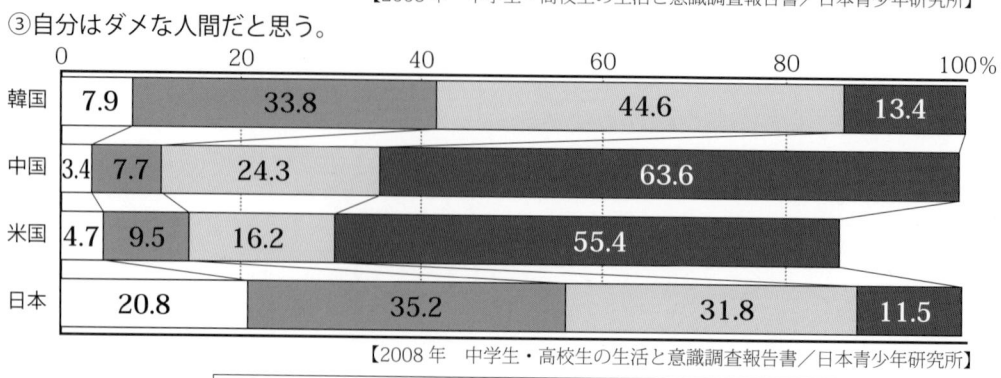

国	とてもそう思う	まあそう思う	あまりそう思わない	全くそう思わない
韓国	7.9	33.8	44.6	13.4
中国	3.4	7.7	24.3	63.6
米国	4.7	9.5	16.2	55.4
日本	20.8	35.2	31.8	11.5

【2008年　中学生・高校生の生活と意識調査報告書／日本青少年研究所】

②③の凡例　□とてもそう思う　■まあそう思う　□あまりそう思わない　■全くそう思わない

3.『U-SSTソーシャルスキルワーク』が取り上げる六つの要素

　先に述べたように，今の子どもたちは「コミュニケーション能力」と自分の感情をうまくコントロールする「自己統制能力」がうまく育っていないという現状があります。そこで,『ソーシャルスキルワーク』では，「コミュニケーションスキル」と「セルフコントロール／セルフマネジメントスキル」の二つのスキルの獲得をめざしました。この目的のために，認知行動療法やアサーショントレーニング・交流分析などの考え方をベースにして以下の六つの要素を学習できるように，発達段階に合わせて構成しました。六つの要素とは，

①あいさつ（あいさつに関するスキル）
②自己紹介／自分を知る（自己認知スキル）
③言葉／表現（相互理解のための言葉・表現スキル）
④気持ちを考える（相互理解やセルフコントロールのための気持ち認知スキル）
⑤自分に対して（セルフコントロール／セルフマネジメントスキル）
⑥相手に対して（コミュニケーションスキル）　です。

　①のあいさつに関するスキルは，コミュニケーションスキルの一つですが，基礎的なスキルであり，またクラス全員で学びやすいことから独立した要素としました。

　セルフコントロールができるようになるためには，自分のことが正しく認知できていなくてはなりません。また，自分の気持ちも正しく認知できていなくてはなりません。そのためにこのワークでは，セルフコントロール／セルフマネジメントスキルとコミュニケーションスキル獲得の前提となる「②自己認知スキル」と「④気持ち認知スキル」を独立した要素としています。また，「③言葉・表現スキル」についてもコミュニケーションスキルの前提となる要素として独立させました。

認知行動療法
学習理論に基づいて行動を変容させる「行動療法」とクライエントの認知に働きかける「認知療法」を統合させた療法（セラピー）。行動の背景にある認知機能に着目し，行動療法の技法を用いて不適切な行動を低減させ，適切な行動を増やすことをめざす。
→詳細はP107〜参照。

1～6年のワークは，各学年の児童の発達段階に合わせて前記の六つの要素が無理なく学べるように構成されています。

各要素の概略は，以下のとおりです。

> 『ソーシャルスキルワーク』の構成
> ➡ P46・47 の全ステップの単元構成一覧参照。

①あいさつ…あいさつに関するスキル

あいさつは，対人関係の第一歩です。気持ちのよいあいさつができないと，人間関係がぎくしゃくしたものになってしまいます。

ワークでは，あいさつのときの声の大きさや表情・態度，場と相手に応じたあいさつの言葉などを身につけていきます。

②自己紹介／自分を知る…自己認知スキル

自分のことを大切にしてよりよく生きていくため，また相手と対等な関係を保つためには，自分のことを正しく理解している必要があります。

ワークでは，自分を過小評価したり，過大評価したりせずに自分を客観的に見て理解する力を身につけていきます。

③言葉／表現…相互理解のための言葉・表現スキル

円滑なコミュニケーションを行うためには，言葉の選び方や言い方が重要になります。

ワークでは，言葉の選び方や相手の感情を害さずに自分の思いを伝えるアサーティブな表現のしかたを身につけていきます。

> アサーティブな表現
> ➡ P85 第3章「3. 言葉・表現スキル」のアサーションの項参照。

④気持ちを考える…相互理解やセルフコントロールのための気持ち認知スキル

自分の気持ちを正しくとらえることができなければ気持ちを上手にコントロールすることはできません。また，相手の気持ちを考えた言動をとるということは，相手との良好な関係を保つためには大切なことです。

ワークでは，いろいろな気持ちがあることを理解するとともに，気持ちのもち方によって後の行動や結果が違うことを知り，前向きになる気持ちの切り替え方を身につけていきます。

⑤自分に対して…セルフコントロール／セルフマネジメントスキル

怒りをうまくしずめる，がまんをする，あるいは自分に合った目標を立てるといったセルフコントロール／セルフマネジメントスキルは，上述した②と④のスキルと深くかかわっています。

ワークでは，がまんのしかたを含めて，どうすれば自分の感情を上手にコントロールできるかというセルフコントロールスキル

とともに，自分で自分の目標を上手に立てて達成していくセルフマネジメントスキルを身につけていきます。

⑥相手に対して…コミュニケーションスキル

　コミュニケーションスキルは，社会生活をしていく上で必要不可欠なものであり，適切な対人関係を築くためのとても大切なスキルになります。このスキルは，上述した①〜⑤のスキルと深くかかわっており，総合的なスキルといえます。

　ワークでは，適切な伝え方・聞き方のほか，小学校段階で想定されるシチュエーションに応じて，それぞれに必要なスキルを身につけていきます。

　以上の六つの要素を図式化すると下図のようになります。この『ソーシャルスキルワーク』では，人間関係の基本となる「あいさつ」を土台として，その上に「自分に対して」と「相手に対して」のスキルが相互にからまりあい伸びていく構造をイメージしています。

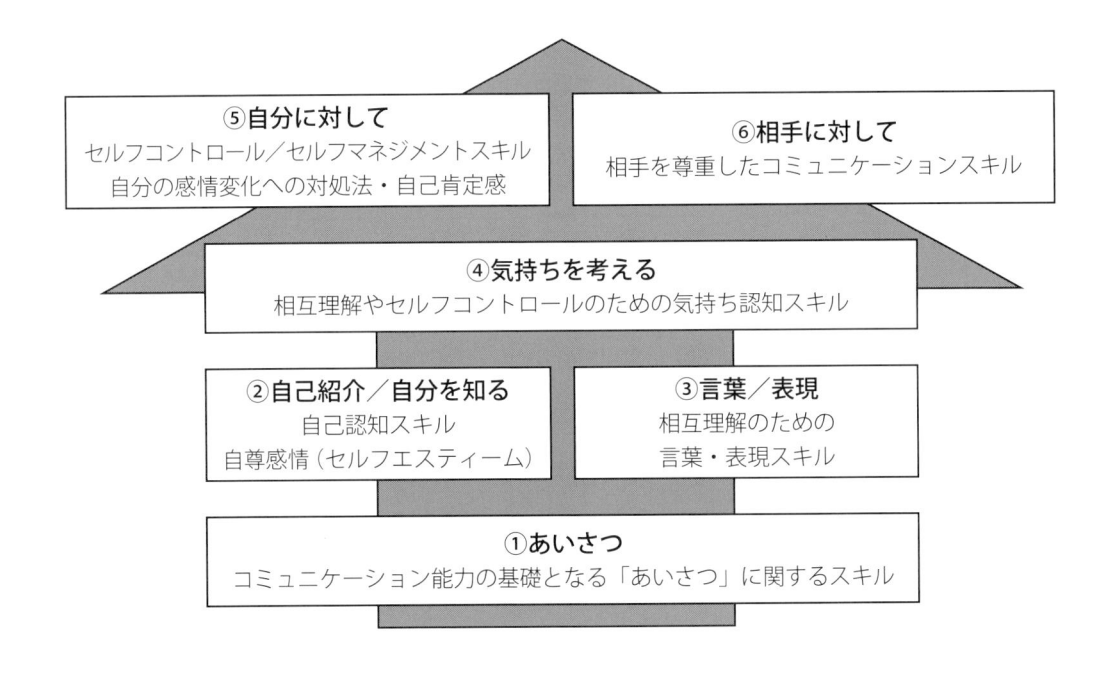

⑤自分に対して	⑥相手に対して
セルフコントロール／セルフマネジメントスキル 自分の感情変化への対処法・自己肯定感	相手を尊重したコミュニケーションスキル

④気持ちを考える
相互理解やセルフコントロールのための気持ち認知スキル

②自己紹介／自分を知る	③言葉／表現
自己認知スキル 自尊感情（セルフエスティーム）	相互理解のための 言葉・表現スキル

①あいさつ
コミュニケーション能力の基礎となる「あいさつ」に関するスキル

　六つの要素（スキル）については，この後の第3章で『ソーシャルスキルワーク』の具体的な紙面例を入れながら詳述します。

●『U-SST ソーシャルスキルワーク』全ステップの単元構成一覧

		①	②	③	④
ステップ1	単元名	あさは「おはよう」から	「ありがとう」と「ごめんなさい」	はじめまして	いろいろな かお
	要素	あいさつ（1）	あいさつ（2）	自己紹介／自分を知る－自己紹介	気持ちを考える－表情が伝える気持ち
	習得するスキル	あいさつに関するスキル	あいさつに関するスキル	自己認知スキル	相互理解のための気持ち認知スキル
	育てたい力 ねらい	1. 気持ちのよいおはようの表情を知る。 2. 場に合ったあいさつの言葉を知る。	1. 感謝を伝えるときの言葉と表情を知る。 2. 謝るときの言葉と表情を知る。	1. 適切な声の大きさを知る。 2. 自分を伝えるアピール項目を知る。	1. 表情が気持ちを伝えることを知る。 2. 表情にあらわれる気持ちを読み取る。
ステップ2	単元名	げんきに あいさつ	いっぱい 知ろう！じぶんの こと	ふわっと ちくっと	かおに ちゅうもく！
	要素	あいさつ	自己紹介／自分を知る－自分を知る	言葉／表現－いろいろな言葉	気持ちを考える－表情が伝える気持ち
	習得するスキル	あいさつに関するスキル	自己認知スキル	相互理解のための言葉・表現スキル	相互理解のための気持ち認知スキル
	育てたい力 ねらい	1. 場に合ったあいさつの言葉を知る。 2. 相手に合ったあいさつの言葉を知る。	1. 自分の体のことを知る。 2. 自分の生活をふりかえる。 3. 実践できる目標を立てる。	1. ふわっと言葉とチクッと言葉を知る。 2. ふわっと言葉とチクッと言葉を見分ける。 3. ふわっと言葉とチクッと言葉が相手に与える影響を知る。	1. 表情にあらわれる気持ちを読み取る。 2. どんなときにどんな表情になるのかを知る。
ステップ3	単元名	えがおであいさつ	ふわっとことばは まほうのことば	すっきりトークでおたがいすっきり	気もちさがし
	要素	あいさつ	言葉／表現－いろいろな言葉	言葉／表現－表現の不思議	気持ちを考える－気持ちをかえる（1）
	習得するスキル	あいさつに関するスキル	相互理解のための言葉・表現スキル	相互理解のための言葉・表現スキル	相互理解のための気持ち認知スキル
	育てたい力 ねらい	1. 表情のたいせつさを知る。 2. 状況に応じた受け答えの言葉を知る。 3. あいさつを交わすと互いに気持ちがよいことを知る。	1. ふわっと言葉とチクッと言葉を知る。 2. ふわっと言葉とチクッと言葉の印象を知る。 3. ふわっと言葉を正しく使う。	1. 攻撃的・非主張的・アサーティブの三つの言い方があることを知る。 2. アサーティブな表現を知る。	1. いろいろな気持ちがあることを確認する。 2. 一つの場面でもいろいろな気持ちが生じることを知る。
ステップ4	単元名	相手に合ったあいさつ	うれしいな ふわっと言葉	言葉のひみつ	気持ち研究 始めるよ
	要素	あいさつ	言葉／表現－いろいろな言葉	言葉／表現－表現の不思議	気持ちを考える－気持ちをかえる（1）
	習得するスキル	あいさつに関するスキル	相互理解のための言葉・表現スキル	相互理解のための言葉・表現スキル	相互理解のための気持ち認知スキル
	育てたい力 ねらい	1. 気持ちのよいあいさつの表情と態度を知る。 2. 場と相手に合ったあいさつの言葉を知る。	1. ふわっと言葉とチクッと言葉を理解する。 2. ふわっと言葉とチクッと言葉の印象を知る。 3. ふわっと言葉を適切に使用する。	1. 攻撃的・非主張的・アサーティブの三つの言い方があることを理解する。 2. アサーティブな表現を理解する。	1. いろいろな気持ちがあることを確認する。 2. 気持ちによって次の行動や結果が違うことを知る。 3. 同じ気持ちでも大きさの差があることを知る。
ステップ5	単元名	きちんとあいさつ	自分の「体」と話そう	じょうずな言い方	「だいじょうぶ！」の気持ちになろう
	要素	あいさつ	自己紹介／自分を知る－自分を知る	言葉／表現－言葉と表現	気持ちを考える－気持ちについて
	習得するスキル	あいさつに関するスキル	自己認知スキル	相互理解のための言葉・表現スキル	セルフコントロールのための気持ち認知スキル
	育てたい力 ねらい	1. 礼儀正しいあいさつのしかたと言葉について知る。 2. あいさつのしかたによって印象が異なることを知る。	1. 自分の生活スタイルをふりかえる。 2. 食と生活から、体のケアのしかたについて知る。	1. 相手を不快にさせる言い方があることを知る。 2. 自分の気持ちをきちんと伝える言い方を知る。 3. 気持ちよく返事をしてもらえる言い方があることを知る。	1. 隠れている気持ちがあることに気づく。 2. 気持ちの流れを把握し、前向きになる気持ちのかえ方を知る。
ステップ6	単元名	「上級生あいさつ」に挑戦！	「わたし」の伝え方	じょうずな言葉の使い方	気持ちの切りかえ方を知ろう
	要素	あいさつ	自己紹介／自分を知る－自己紹介	言葉／表現－言葉と表現	気持ちを考える－気持ちについて
	習得するスキル	あいさつに関するスキル	自己認知スキル	相互理解のための言葉・表現スキル	セルフコントロールのための気持ち認知スキル
	育てたい力 ねらい	1. ていねいなあいさつの言葉を知る。 2. さまざまな場面で使うべきあいさつの言葉を知る。 3. 互いの関係によって、あいさつの言葉が違うことを確認する。	1. 初対面の人に対する自己紹介のしかたを考える。 2. 自分の美点や自分の評価などを取り入れた自己紹介のしかたを知る。	1. 省略された言葉を使うときの注意点を知る。 2. 言い方の違い（ていねいな言い方・やさしい言い方・乱暴な言い方）を知る。	1. 気持ちと行動が結びついていることを知る。 2. 前向きの行動につながるような気持ちのかえ方を知る。

⑤	⑥	⑦	⑧
きもちたんけん！ 気持ちを考える−気持ちについて 相互理解のための気持ち認知スキル 1. いろいろな気持ちがあることを知る。 2. 楽しい気持ちに着目し，いい気持ちや前向きな気持ちの自己認知を深める。	「がまん」って どういう こと？ 自分に対して−がまんのしかた セルフコントロール／マネジメントスキル 1. がまんしなければならない場面があることを理解する。 2. 欲求を抑える・怒りをこらえる・ルールを守るなどのがまんについて知る。	きもちを つたえよう！ 相手に対して−伝え方 コミュニケーションスキル 1. 伝えるときの表情を知る。 2. 声の大きさや姿勢・目線を知る。 3. 発表時の姿勢や態度を知る。	きちんと きいて いる？ 相手に対して−聞き方 コミュニケーションスキル 1. 聞くときの姿勢や態度を知る。 2. 会話を円滑に進める返事を知る。 3. 相手に伝わる「聞いているサイン」を知る。
気持ちを 知ろう！ 気持ちを考える−気持ちについて 相互理解のための気持ち認知スキル 1. どんなときにどんな気持ちになるのかを知る。 2. 気持ちの流れと次の行動との結びつきを知る。	いかりを じょうずに おさえよう 自分に対して−がまんのしかた セルフコントロール／マネジメントスキル 1. 自分の怒りやいらいらする感情のレベルを知る。 2. 怒りをコントロールする方法を理解する。 3. 怒りの感情の背景にある他の気持ちに気づき，きちんと伝える。	ことばと たいどで つたえよう！ 相手に対して−伝え方と聞き方 コミュニケーションスキル 1. 声のかけ方と態度を知る。 2. 気持ちのよい受け答えを知る。	いっしょに あそぼうよ！ 相手に対して−誘い方 コミュニケーションスキル 1. 相手の状況に応じた，気持ちのよい誘い方を知る。 2. 自分の気持ちを伝える返事のしかたを知る。
気もちのひみつ 気持ちを考える−気持ちをかえる(2) セルフコントロールのための気持ち認知スキル 1. 気持ちの流れによって違う行動が生じることを知る。 2. 気持ちは自分でかえられることを知る。	いらいら，どきどき どうしよう？ 自分に対して−いろいろな感情 セルフコントロール／マネジメントスキル 1. 複雑に変化する感情に気づく。 2. それぞれの感情に対する対処法を知る。	こまったときは？ 相手に対して−助けの求め方 コミュニケーションスキル 1. 困った状況にあることを相手に伝えるための方法を知る。 2. 場と時に応じた助けの求め方を知る。	みんなで力を合わせよう 相手に対して−協力のしかた コミュニケーションスキル 1. 協力の必要性を知る。 2. 実際に協力する方法を知る。
気持ちコントロール 気持ちを考える−気持ちをかえる(2) セルフコントロールのための気持ち認知スキル 1. 気持ちの流れとその後の行動がかかわっていることを知る。 2. 気持ちを把握し，前向きになる気持ちのかえ方を知る。	いろいろなことにチャレンジ！ 自分に対して−チャレンジのしかた セルフコントロール／マネジメントスキル 1. チャレンジすることの重要性を知る。 2. 実行可能な計画を立てる。	じょうずな質問をしよう 相手に対して−質問のしかた コミュニケーションスキル 1. 質問するときのマナーを知る。 2. 状況に応じた質問のしかたを知る。	「こうしてみない？」を言うときは？ 相手に対して−提案のしかた コミュニケーションスキル 1. 状況に応じた提案のしかたを知る。 2. 友達へのアドバイスやクラスへの提案のしかたを知る。
自分らしさってなんだろう 自分に対して−自分をたいせつに セルフコントロール／マネジメントスキル 1. 今の自分を客観的に把握する。 2. 将来の自分像をイメージする力をつける。 3. 目標を設定し，計画を立てる。	みとめられると うれしいね 相手に対して−相手を尊重する コミュニケーションスキル 1. 相手を尊重することの必要性を知る。 2. 相手を尊重する話し合いのしかたを知る。	どうたのむ？ どうことわる？ 相手に対して−頼み方と断り方 コミュニケーションスキル 1. 状況に合わせたお願いのしかたを知る。 2. 相手の気分が悪くならない断り方を知る。 3. 嫌な頼みごとについて断り方を知る。	言われるとうれしいな 相手に対して−ほめ方 コミュニケーションスキル 1. ほめることで相手との関係がよくなることを知る。 2. ほめるときと，状況に合ったほめる言葉を知る。
「わたし」を見つめよう 自分に対して−自分をたいせつに セルフコントロール／マネジメントスキル 1. 自分がどんな考えをもっているかを知る。 2. だれにでもあるゆずれない部分を意識し，自己肯定感を高める。 3. あるがままの自分を受けとめ，自己受容をはかる。	気配りをする 相手に対して−配慮のしかた コミュニケーションスキル 1. 気配りするとはどういうことかを知る。 2. 下級生への気配りのしかたを考える。 3. 状況に応じた気配りのしかたを身につける。	ピンチのときは… 相手に対して−助けと協力 コミュニケーションスキル 1. 困難な状況での対処法を身につける。 2. 他の人が困っているときの行動のしかたを考える。	相手の立場になって考えよう 相手に対して−共感する コミュニケーションスキル 1. 人によって多様な考えがあることを知る。 2. 相手の気持ちに寄り添い，共感することで得られる気持ちのコミュニケーションを知る。

おもな発達障害における特徴と支援のしかた

　発達障害は,「見えにくい障害」であるといわれています。そのため,教育の現場では,障害に対する理解不足によって間違った指導をしてしまうことがあります。二次症状(不登校・引きこもりなど)につながることすらありますので注意が必要です。

　以下におもな発達障害の定義と特徴,支援のしかたをまとめました(発達障害は,診る人によって診断が変わることがあります。下記の「特徴」は,あくまでそうした傾向が見られるというもので,障害に対する診断基準ではありません)。

◆学習障害(LD) ＜ Learning Disabilities ＞

(定義)　学習障害とは,基本的には全般的な知的発達に遅れはないが,聞く,話す,読む,書く,計算する又は推論する能力のうち特定のものの習得と使用に著しい困難を示す様々な状態を指すものである。

　　　　学習障害は,その原因として,中枢神経系に何らかの機能障害があると推定されるが,視覚障害,聴覚障害,知的障害,情緒障害などの障害や,環境的な要因が直接の原因となるものではない。

(特徴)　●読み書きの障害(ディスレクシア)
　　　　聞いたことの理解が難しい。／長い文を読むのが苦手。／字の形を混同する(「あ」と「め」など)。／鏡文字を書く。／字の形や大きさが整わない。　など
　　　　●聞くのが苦手
　　　　・似た音を聞き間違える。
　　　　・一対一だと聞き取れるが,集団の中では聞き取れない。　など
　　　　●その他(記憶・協調運動・空間認知・算数・社会性スキルなど)
　　　　・見たことをすぐ忘れる。(黒板を写すのに時間がかかる)
　　　　・方向音痴。場所を覚えられない。
　　　　・計算がうまくできない。　など

(支援)　この障害をもつ子は,概して次のような誤解を受けます。
　　　　怠けている子,できるのにやらない子／真面目すぎる子,融通がきかない子／
　　　　スローペース・マイペースの子／要領の悪い子,誠実すぎて損をする子／
　　　　意欲がない子,易きに流れる子,知能が低い子,理解が遅い子

　この障害をもつ子は,あらわれる困難が一人ひとり異なりますので,各自に対応した適切な支援を行うことが大切です。また,周りから叱責を受けるなどの経験が多いために,自分の能力を発揮できず,あらゆる面で意欲を失っていることが多いようです。学習に対して見通しをもたせて,自己効力感を形成できるように働きかけることが大切です。

◆注意欠陥／多動性障害（ADHD）＜ Attention-Deficit ／ Hyperactivity Disorder ＞

（定義）　ADHDとは，年齢あるいは発達に不釣り合いな注意力，及び／又は衝動性，多動性を特徴とする行動の障害で，社会的な活動や学業の機能に支障をきたすものである。
　　　　　また，7歳以前に現れ，その状態が継続し，中枢神経系に何らかの要因による機能不全があると推定される。

（特徴）●注意散漫・不注意
・忘れ物や失くし物がとても多い。
・うわのそら。心がお留守になる。
・長い時間人の話が聞けない。
・注意力を持続できない。　など
●多動性
・授業中に席を立ったり，時には教室から出ていってしまったりすることがある。
・いつも興奮して動き回っている。
・やたらとしゃべりまくる。やたらとよじ登る。
・落ち着きがない。　など
●衝動性
・指名されていないのに出し抜けに答えてしまう。
・ささいなことでカッとなる。
・順番が待てずに割り込んでしまう。
・ゲームや試合で負けそうになるとカッとする。　など

（支援）　この障害をもつ子は，概して次のような誤解を受けます。
　　　　落ち着きのない子，おしゃべりな子，早とちりの多い子／乱暴な子，キレやすい子，反抗的な子，負けず嫌いの子／わがままな子，自分勝手な子／ずるい子，いいわけばかりする子，人のせいにする子／おせっかいやき，でしゃばり，目立ちたがり屋／しつけが悪い子，親にかまってもらえない子，愛情不足の子

　この障害をもつ子には，以下のようなサポートが必要です。
・話す前に「これから話しますよ」と言って，聞く姿勢を促す。
・抽象的な言葉を避けて話し，具体的にイメージしやすく行動しやすい話し方をする。
・何かするときは最初に全体の手順を話し，見通しが立てやすいようにする。
・集中力が保てる時間内にできるよう，課題の量や内容を考える。
・落ち着きがなくなってきたら，無理やりじっとさせるのではなく，気分転換できる場所に行けるような用事を頼む。
・衝動的に口を出す子には，発言のルールを決めておく。
・ルールが守られているときは，認めてほめてあげる。　など

◆**高機能自閉症**＜ High-Functioning Autism ＞

(**定義**) 高機能自閉症とは，3歳位までに現れ，①他人との社会的関係の形成の困難さ，②言葉の発達の遅れ，③興味や関心が狭く特定のものにこだわることを特徴とする行動の障害である自閉症のうち，知的発達の遅れを伴わないものをいう。

また，中枢神経系に何らかの要因による機能不全があると推定される。

※高機能自閉症の定義のうち，②の言葉の発達の遅れを伴わないものをアスペルガー症候群といいます。
※高機能自閉症とアスペルガー症候群をまとめて広汎性発達障害（PDD）と分類することもあります。

(**特徴**) ●友達づきあいが苦手
- 友達と仲良くなりたいが，友達関係を上手に築けない。
- 会話をしていても，場面や相手の気持ちを理解しにくい。　など

●コミュニケーションが苦手
- 皮肉やいやみ，冗談を言われても理解できず，字義通りに受けとめてしまう。
- 言ってはいけないことを，「本当のことだから」と言ってしまう。
- 抑揚のない話し方，ですます調の丁寧な話し方など独特の話し方で話す。　など

●こだわりが強い
- 限定された興味に熱中する。
- 空想の世界，ファンタジーに浸ることがある。　など

●その他（感覚の過敏や鈍感など）
- 光がまぶしい。
- 音に敏感で，赤ちゃんの泣き声や電子音，雷鳴などに耐えられない。
- 昔の嫌な出来事がフラッシュバックしてパニックになる。　など

(**支援**) この障害をもつ子は，概して次のような誤解を受けます。

変な子／風変わりな子／何を考えているかわからない子／キレやすい子
わがままな子，自分勝手な子／真面目すぎる子，融通がきかない子

この障害をもつ子には，以下のようなサポートが必要です。
- 本人の苦手な感覚や，なんでフラッシュバックが起きるかなどを，周りの人たちが知っておく。
- 一人で静かになれる空間，お気に入りの気の休まるコーピンググッズを用意しておく。
- こだわりをやめさせようとしすぎない。
- 話し言葉だけでなく，文字やイラストを使って視覚化を併用して伝える。
- 「ちゃんとやろう」「あとちょっとがんばろう」という言い方より，「あと5問やってみよう」など具体的に伝える。
- 「〜してはいけない」という否定的な言い方ではなく，「〜しよう」という肯定的な言い方をする。

※ 各障害の定義については，文部科学省ホームページの「主な発達障害の定義について」によっています。
※「特徴」「支援」の詳しい内容については，星槎教育研究所のホームページ参照。

第3章
『ソーシャルスキルワーク』で育成する六つのスキル

NPO 星槎教育研究所　安部雅昭　岩澤一美　髙田美香　前嶋深雪　三森睦子　西永 堅（星槎大学）

本章では，子どもたちに身につけさせたいスキルを，次のように六つの節に分け，小学校での指導を想定して解説しています。

1. あいさつスキル
2. 自己認知スキル
3. 言葉・表現スキル
4. 気持ち認知スキル
5. (1) セルフコントロールスキル
   (2) セルフマネジメントスキル
6. コミュニケーションスキル

＊5節は，「自分に対して」の要素を自分の感情統制のためのセルフコントロールスキルと目標管理を含めた自己管理のためのセルフマネジメントスキルにわけて解説しています。

●各節の構成と基本展開

各節の扉ページ

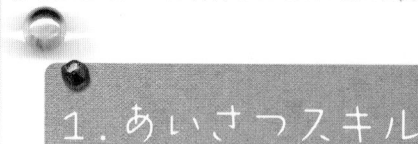

1. あいさつスキル

それぞれの該当するスキルが不十分な子の例を紹介しています。該当するスキルを，小社刊行 学校直販教材『ソーシャルスキルワーク』のどの単元で取り上げているかを表示しています。

スキルの概説

気持ちのよいあいさつ

各節で取り上げるスキルの必要性やスキルについての概説，スキルを獲得するための方策などをわかりやすく解説しています。

教材との関連

ソーシャルスキルワークでは

『ソーシャルスキルワーク』の該当単元の紙面を提出して，スキル獲得のためのクラスでの取り組み方や指導上の留意点などを紹介しています。

配慮を要する子に対して

こんな子どもには…

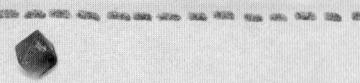

"アイコンタクトができない子""パニックを起こす子"など，特別な支援が必要な子やクラスの中で少し気になる言動をする子への対処法などをQ＆A形式で解説しています。

参考資料

スキルの学習に役立つワークシートや掲示して活用できる資料の例などを提出しています。

＊各節とも基本的にはこの流れで構成していますが，スキルの性質上このとおりになっていないものもあります。

1. あいさつスキル

自分から進んであいさつができない子
小さな声で，下を向いてあいさつをする子

あいさつはとても大事なんだよ
大人があいさつの大切さを何度伝えても
あいさつ運動を進めても
あいさつが上手にできない子どもたち…

どうすれば気持ちのよいあいさつを
上手にすることができるのでしょうか
何が気持ちのよいあいさつができない
原因となっているのでしょうか
いっしょに考えてみましょう

うつむいている子
- どう言えばいいの？
- いつ言えばいいの？

小さな声の子
- 言っているのに…。
- 聞こえてないみたい…。
- 恥ずかしいな…。

＊あいさつスキルは『ソーシャルスキルワーク』の ■■ の単元で取り上げています。

	❶	❷	❸	❹	❺	❻	❼	❽
ステップ1	あいさつ	あいさつ						
ステップ2	あいさつ							
ステップ3	あいさつ							
ステップ4	あいさつ							
ステップ5	あいさつ							
ステップ6	あいさつ							

→詳しくはP46・47の単元構成表を参照してください。

気持ちのよいあいさつ
～「あいさつ」はコミュニケーションの第一歩

みんなで「気持ちのよいあいさつ」について考えてみましょう。気持ちのよいあいさつは，人に元気とやる気と心地よさをもたらします。自分がうれしいと感じたあいさつを思い出してみましょう。

例1：名前を呼んであいさつしてくれた

- 僕のこと，知ってくれているんだ。
- ○○くんおはよう。

例2：気持ちのよい笑顔と態度であいさつしてくれた

- すてきな笑顔！やさしい声！
- こんにちは！

例3：「ありがとう」と感謝してくれた

- どうぞ…
- 「ありがとう」って言われるとうれしいな！
- ドアを押さえてくれてありがとう。助かるわ。

（1）人間関係の基本が「あいさつ」にあらわれる

　私たちは，社会の中で人とかかわりあいながら，互いに助けあい，支えあい，励ましあい，気づかいあいながら生活しています。その人間関係の基本が「あいさつ」にあらわれます。気持ちのよいあいさつは，人間関係の潤滑油となり，ほっとしたあたたかみを与えてくれ，コミュニケーションを促すきっかけになります。

　また，あいさつは，自分の存在を相手に伝えるとともに「あなた

の存在を感じています」という心のコミュニケーション・メッセージでもあります。

「あいさつ」は、進学・就職時をはじめ家庭、地域、職場など、どの場でも求められている大切なスキルであり、きちんとしたあいさつができることは自立への第一歩となります。あいさつのスキルは民間の企業でも重要視され、あいさつの研修を行うところもあります。

（2）「あいさつ」の心をスキルにつなげる

さて、あいさつは気持ちいいもの、人とコミュニケーションをとるうえで大切なもの、ということはわかっていても、なかなか実践できないことがあります。「あいさつしよう」と呼びかけても、学校や地域で「あいさつ運動」に取り組んでも、なかなかあいさつが定着しないのはなぜでしょうか？

「家庭にあいさつの習慣がない」「照れがあってできない」「人間関係・コミュニケーションが苦手」など、いろいろな理由が考えられますが、「どのようにしたらよいのかわからない」という具体的スキルの不足も考えられます。子どもに「あいさつができていない」と注意する前に、あいさつのしかたは家庭や地域で暮らすうちに自然と定着するものという考えから離れ、心を伝えるためにスキルとして学ぶものととらえることから始めましょう。

（3）あいさつスキルを身につけよう

本書では、「おはよう」「こんにちは」など、人と会ったときに交わす言葉だけでなく、「ありがとう」「ごめんなさい」「いただきます」「ごちそうさま」など、コミュニケーションの中で使われ、定型となっている言葉も含めてあいさつととらえています。

小学校段階であいさつスキルを学習するにあたっては、次のようなことがポイントになります。

①朝のあいさつは、自分から元気よく

朝は一日の始まりです。明るくさわやかなあいさつをしてもらうといい気持ちになり、元気になります。あいさつされてからそれに

あいさつ運動
オアシス運動として，
　おはようございます
　ありがとう
　しつれいします
　すみません
が言えるように，学校や地域で取り組むことが多い。学校であいさつ運動をする際には，どのようなスキルを定着させたいのか，教職員の間で話し合い，共通の目的をもつようにする。

> **あいさつの指導**
> 学校に決められたあいさつの指導事項がある場合は，それに準じてください。

返すのではなく，自分から進んで声かけすることの大切さに気づけるようにしましょう。

担任以外の先生や交通整理の方，登校時に会った近所の顔見知りの方，学校におみえになった方などにもあいさつするように指導しましょう。

②にっこり明るい笑顔と元気な声で

ぶすっとした顔であいさつされるのと，にっこり明るい笑顔であいさつされるのとではどちらがよいかを考え，「にっこり笑顔」「元気な声」であいさつできるよう促しましょう。

ロールプレイなどで練習する，みんなで発声練習をするなど，言い慣れていくことで，スムーズなあいさつが少しずつできるようになっていきます。

> **発声練習**
> ➡P64の参考資料参照。

（こんにちは。）（こんにちは。）

> **一日のあいさつ**
> ➡P63の参考資料参照。

③場面にふさわしいあいさつをしよう！

一日のうちにどんなあいさつをしているのかを振り返り，さまざまな場面に合ったあいさつができるよう，一日の流れに沿って確認しましょう。

　例：人と会ったとき（朝，昼，晩），食事のとき，出かけるとき，帰ってきたとき，朝起きたとき，夜寝るとき

また，感謝や謝罪の言葉はどんな場面で使うかも確認しましょう。

④相手に合わせたあいさつをしよう！

友達には「おはよう」とハイタッチしたり，肩をたたいたりすることが親しみを込めたあいさつとなるのですが，大人にこれをすると失礼になります。大人に対しては，お辞儀をしながら「おはようございます」と丁寧にあいさつすることが求められます。相手との関係性による距離の取り方，親しみを表現する別の方法（例：にっこり笑顔）などを学び，相手に応じたあいさつを身につけられるようにしましょう。

⑤場面に合わせて声のボリュームを調節しよう！

　あいさつする相手との距離やその人との関係によって，適切に声の大きさを調節することもあいさつスキルに含まれます。大勢の人の前であいさつするときは，当然みんなに聞こえる大きさの声を出す必要があります。

　また，「おはよう」「こんにちは」などのあいさつは元気よく言うほうが印象がよいのですが，「ごめんなさい」と謝るときはお詫びの気持ちを表した言い方と声の大きさにすべきであることも確認しましょう。

　右図のような「声の大きさメーター」を教室に掲示しておき，折にふれてあいさつの声の大きさを意識できるようにしましょう。

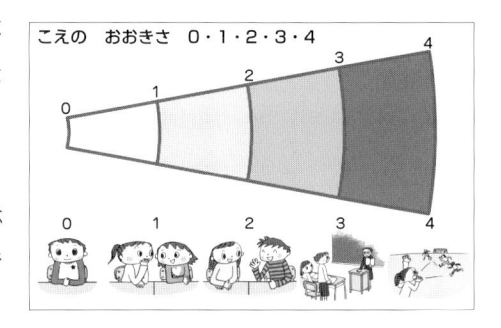

⑥きれいな「お辞儀」ができる人になろう！

　姿勢よくきれいなお辞儀ができる人はかっこうよく見えます。首だけ動かす，だらんとした姿勢でといったお辞儀ではない，きちんとしたお辞儀が身につけられるよう指導します。「足はそろえる」「背筋を伸ばして腰から曲げる」「頭をさげる」などのポイントを押さえて実際にやってみます。そうしてきれいなお辞儀を身につけたうえで，場面や相手に応じて使い分けられるようにしましょう。

　以上のようなスキルのうち，小学校低学年段階では①②③⑤を中心に，まず元気よく明るいあいさつを習慣化させることを主眼にします。そして基本的なあいさつが定着したら，高学年になるにつれて④⑥などのよりあらたまった丁寧なあいさつが身につけられるようにしていくとよいでしょう。

　あいさつスキルの定着のためには，くり返し練習し，笑顔であいさつしたり，されたりすることが気持ちいいという体験を積み重ねていくことが大切です。

（4）心からの「ありがとう」と「ごめんなさい」

　「ありがとう」と「ごめんなさい」が言えない子が増えていると言われています。なんだか恥ずかしくて口に出せない，言うタイミングがつかめない，という子もいるでしょう。
　しかし，なかには感謝の気持ちやお詫びの気持ちをもてない子がいます。下に挙げたような場面で「ありがとう」と言うことを教わってこなかった子は，いつも人にやってもらうのが当たり前となり，感謝の気持ちをもちにくくなっています。また，「ごめんなさい」と謝ることが身についていないと，どんな場面でも「自分は悪くない」「相手が悪い，環境が悪い」という言い訳でいっぱいで，「自分も悪かったかもしれない」という反省や「相手にすまないことをした」というお詫びの気持ちがもてません。
　このような子には，日常のさまざまな場面をとらえて，「こんなときは『ごめんなさい』と言うといいね」など，気持ちを込めて「ありがとう」「ごめんなさい」が言えるよう意識づけていく必要があります。また，言えるようになったときをとらえて，先生からも「ありがとうと言ってくれてうれしかったよ」などの気持ちを伝えたり，評価したりということを積み重ねていきます。
　「ありがとう」と「ごめんなさい」に共通するのは，相手を尊重している言葉だという点です。この二つの言葉が自然に口から出てくるようになると，相手を尊重する気持ちが育ってきます。

> ● **ありがとう**　…何かもらったとき・何かをしてもらったとき・助けてもらったとき・お世話になったとき・注意してくれたとき
> ● **ごめんなさい**…悪いことをしたとき・ものをこわしたとき・迷惑をかけてしまったとき

ソーシャルスキルワークでは

居心地のよいクラス作りをめざす上で，クラス全体で「気持ちのよいあいさつ」について考えることは大切な取り組みです。気持ちのよいあいさつをするためには，場面や相手に応じた「表情」「目線」「声の大きさ」を理解し，スキルとして身につけていく必要があります。『ソーシャルスキルワーク』（日本標準）を使った学習はそのための有効な方法です。

ソーシャルスキルワーク ステップ3-①

- 絵を見て，あいさつの言葉を相手に伝えるときの表情や目線の違いに注目させます。それぞれの表情からどんな気持ちが伝わるかを考えます。

- 気持ちのよいあいさつをする上で，表情は非言語コミュニケーションの一つであり，相手に伝えるメッセージが大きいことを学んでいきます。

→ステップ1-①②，ステップ4-①でも「あいさつの表情」について学習できます。

ソーシャルスキルワーク ステップ2-①

ワーク② あいてに あわせた あいさつの しかた

◆ ←の 子の あいさつは、どれが いいかな？ ○を つけよう。

ア「あっ、校長先生だ。」
- □ おはよう。
- □ おはようございます。

イ「○○ちゃんの おかあさんだから…」
- □ おやすみ。
- □ おやすみなさい。

ウ「まどガラス わっちゃった！」
- □ ごめん。
- □ ごめんね。
- □ ごめんなさい。

● 大人の人に対してふさわしいあいさつの言葉を確認するためのワークです。

● ワークの場面やそのほかの場面を設定してロールプレイを行い、あいさつを声に出す練習をしてもよいでしょう。

ソーシャルスキルワーク ステップ6-①

ワーク② 知っているかな？ ていねいなあいさつ

◆ こんなときは、なんて言えばいい？ ていねいな言葉づかいで書いてみよう。

① ていねいにお礼を言うとき
② お礼を言われたとき
③ 職員室に入るとき
④ 仕事中の先生に話しかけるとき
⑤ 電話で相手の名前をたずねるとき
⑥ 電話で目上の相手を待たせるとき

● 高学年にふさわしい丁寧なあいさつについて学ぶワークです。

● 電話で大人に応対する場面は、どう言えば失礼でないか、経験のない子には難しいかもしれません。知識として確認したあと、実際に声に出して練習するとよいでしょう。

● 保護者にも学習内容をお知らせし、機会をとらえて丁寧なあいさつを促してもらったり、言い方を教えてもらったりするとスキルが定着します。

クラスでの取り組み

気持ちのよいあいさつができるクラスにするために，次のような活動をしてみましょう。

① どのようなあいさつの言葉があるのかを確認する（低学年での指導が効果的です）。
　→P63 参考資料「一日のあいさつ」が活用できます

② 恥ずかしい気持ちをなくすため，みんなであいさつの言葉の発声練習をする（低学年での指導が効果的です）。→P64 参考資料「みんなでいってみよう！」が活用できます

③ よい見本のあいさつをロールプレイでくり返し練習する。
　いろいろな場面を設定して行い，笑顔や声の大きさなども同時に練習するとよいでしょう。

④「今週のあいさつ目標」を教室に掲示する（例：えがおで「おはよう」をいう）。
　目標は一つか二つにして，短期間で内容を変えるなど，マンネリズムに陥らないようにします。振り返り用のチェックシートを用いて，目標としたあいさつができたらシールなどを貼り，自分ががんばったことを視覚的に自覚できるようにするとよいでしょう。

指導上の注意点

「気持ちいいあいさつをしようね」という呼びかけだけでは，気持ちのよいあいさつは定着しません。がなりあうだけのあいさつや，とにかく言えばいいと思ってするあいさつの習慣が身についてしまうと，修正することが困難になります。

まず，こうするとよいという「手本」を，先生自らはっきりと示すことが大切です。そして，あいさつスキルとして身につけていきたい項目（何に気をつければよいのか）を明確にします。そうすれば，子どもは，具体的な目標を立てて取り組むことができます。

日常の場面では，先生はきちんとあいさつを言えたことに対して，常にほめることを忘れないようにします。「元気に"おはよう"が言えたね」「お客様に上手にお辞儀して"こんにちは"が言えていたね」と評価されることで，子どもは「こうすればいいんだ」と実感する体験を積み上げることができ，これが気持ちのよいあいさつの習得につながっていきます。また，スキルとして学んだことが有効に働いたということは，学ぶ意欲や姿勢の強化にもつながります。

気持ちのよいあいさつができていない子に「できていない」という注意を与えるだけでは不十分です。その子はあいさつスキルを知らないのか，または使う機会が少なくて知っていてもできないのか，原因を見極めて，それに応じてスキルを学ぶ場を設けていく必要があります。

あいさつは，人とコミュニケーションをとるための入り口です。あいさつスキルで相手の気持ちを考えた表情，態度，言い方を身につけることが，より複雑なコミュニケーションのスキルにもつながることを念頭に置いて指導していきましょう。

こんな子どもには…

アイコンタクトができない子

Q：あいさつのときや会話のとき「目を見てあいさつしましょう」「目を見て話しましょう」と言っても，アイコンタクトがとれない子どもがいます。目を見て話すように強く指導したほうがよいのでしょうか。それとも無理強いはしないほうがよいのでしょうか。

A：『ソーシャルスキルワーク』でも目を見てあいさつするスキルについて学習します。しかし，なかには，視線が合わない，視線が合いにくい，アイコンタクトが通じない，相手の表情や身ぶりを読み取るのを苦手とする，といったタイプの子どもがいます。そういう子どもに，無理に目を合わせるよう指導すると，会話の最中も目を見ることだけに意識を集中してしまい，話の内容がわからなくなることがあります。無理に目を合わせなくても，「その人の方を向いてお辞儀をする」くらいでOKにしましょう。その相手に慣れてきたり，仲良しになったりすると，目を見て話ができるようになることも多くあります。

表情を理解したり，つくったりするのが難しい子

Q：「笑顔が大事！ 笑顔であいさつしましょう」と言っても，なかなか笑顔がつくれない子がいます。ふざけているのか，いろんな顔をしています。

A：　人は1歳くらいで母親の表情をかなり正確に読み取ることができるようになるように，"表情認知"は，教わらなくても自然に身につく能力です。私たちは，相手の表情を見て，「相手がどういう気持ちでいるか」「何を考えているか」を推測します。しかし，コミュニケーションが苦手な子どもの中には，相手の表情を読み取ったり，自分の気持ちを表情にあらわしたりするのが難しい子が見受けられます。落ち着きがなくキョロキョロ視線を動かしたり，いろんな顔をしたりして，ふざけているように見えるかもしれませんが，本人なりに一生懸命笑顔をつくろうとしているのかもしれません。「ふざけている！」と叱らないで，様子を見守ってあげて，無理な要求はしないようにしましょう。

　こういう子どもに何かを伝えるときは，その子の方を向いてわかりやすい表情をしてあげるとか，言葉でゆっくりわかりやすく説明しながら伝えるなどの，丁寧なかかわり方や配慮が必要です。

　また，友達の顔や名前を覚えるのが苦手な例も多く見うけられますが，そのようなケースでは班活動をするときなどは班ごとに色を決め，色分けシールを目印としてみんなの服などに貼ってあげると参加しやすくなります。

参考資料

1＞掲示例「一日のあいさつ」

　いつ，どのようなあいさつをすればよいか，一日の流れに沿って確認し，教室に掲示しておきます。あいさつの意識づけにもなります。

:小学校1・2年生対象

いちにちの あいさつ

- いってらっしゃい。
- いってきます。
- いただきます。
- ごちそうさま。
- さようなら。
- こんにちは。
- ただいま。
- おかえりなさい。
- こんばんは。
- おやすみなさい。
- おはようございます。

step12-2

2> プリント例「みんなでいってみよう！」

　プリントを使って，あいさつを声に出す練習をします。みんなで楽しく発声練習をすることで，恥ずかしがる気持ちも薄れます。

小学校1・2年生対象

みんなで いって みよう！

くみ　ばん　なまえ

① おおきな こえで いって みよう！
　おはよう！

② ちいさな こえで いって みよう！
　おはよう。

③ となりの おともだちに きこえる こえで いって みよう！
　おはよう。

④ 5かい つづけて いって みよう！
　おはよう。おはよう。おはよう。おはよう。おはよう。

⑤ ながーく のばして いって みよう！
　おーはーよーうー。

⑥ はやくちで いって みよう！
　おはよう。

⑦ わらいながら いって みよう！
　はははははおはよう。

⑧ にっこりがおで いって みよう！
　おはよう。

⑨ てを ふりながら いって みよう！
　おはよう。

⑩ にっこりがおで はっきり きこえるこえで，せんせいを みて いって みよう！
　おはよう ございます。

step1①-1

2. 自己認知スキル

何かをする前に「どうせムリ」と思ってしまう子
自分のことを知らないために自己アピールができない子

自分自身の力を知らなくて
自分に自信がもてなかったり,
自分のことを上手に相手に伝えられなかったりする子どもたち…

自分について知ることの
意義を考えてみましょう
自己認知の機会をもつことが
子どもたちにどのように役立つのか
いっしょに考えてみましょう

どうせ…という子
- できないから、やらない！
- 失敗するのがこわい。

初対面でもじもじする子
- 何を言ったらいいのかな？
- 自分のことがわからない…
- 自己紹介なんてできない。

*自己認知スキルは『ソーシャルスキルワーク』の　　の単元で取り上げています。

	❶	❷	❸	❹	❺	❻	❼	❽
ステップ1			自己紹介					
ステップ2		自分を知る						
ステップ3								
ステップ4								
ステップ5		自分を知る						
ステップ6		自己紹介						

→詳しくはP46・47の単元構成表を参照してください。

自分について知る
〜自分を客観的に見て理解する力を育てよう

（1）自尊感情が低い子どもたち

「どうせムリ」「自分は頭が悪いから何をやってもうまくいかない」「努力するだけ時間のムダ」…こんな言葉を口にして，何に対してもチャレンジできないでいる子どもはいないでしょうか？このように最初からあきらめている自信のない子は，自分に対する評価が低く，自尊感情をもてなくなっていると考えられます。

日本の子どもたちが自分を肯定的に評価できず，自尊感情をもちにくい状況にあることは，各種の調査結果からも指摘されてきました。たとえば，日本青少年研究所が2002年に行った国際比較調査によると，「私は他の人々に劣らず価値のある人間である」という問いに，「よくあてはまる」と回答した中学生が，アメリカ51.8％，中国49.3％だったのに比べて，日本は8.8％と非常に低い結果が出ています。

> 日本青少年研究所による国際比較調査
> ➡P42にも2008年の調査結果を掲載。

この調査結果には，控えめで謙虚であることを重んじてきた日本の文化的な背景が影響していることも考えられますが，学業成績・才能・容姿・経済的豊かさなどについて自分の価値基準に満たないために自己を低く評価し，なかなか自己肯定できない子どもたちが多い状況にあるということはいえるのではないでしょうか。

自尊感情とは，自分が価値ある人間であると自己評価し，自分について肯定的にとらえる感情のことで，セルフエスティーム，自己尊重ともいいます。わかりやすい言葉でいえば，「自分を好きであること」「自分を大切にしていること」「自分を誇りに思っていること」です。自分を好きで自分を肯定的にとらえることができなければ，人は意欲的に経験を積み重ねることはできませんし，自分を大切にすることも他者を大切にすることもできません。自尊感情は子どもの心の健康や社会性を育てる上での基盤となる大切な感情といえます。

現在の子どもたちの自尊感情が低い要因の一つとして，適切な自己認知がされていないために，自己評価が低くなりすぎていることが考えられます。
　では，自己認知とはどのようなことでしょうか？

（2）自己認知とは

　自己認知とは，自分の性格や特性の強みや弱みを自分で理解することをいいます。
　自己認知の発達は，1歳半ごろから鏡に映った自分の顔を見て，自分の顔として認知することがその第一歩といえるでしょう。2歳前後からは鏡に映った自分を見て照れる表情を見せはじめ，他者から見られる自分に対しての意識が芽生え始めます。さらに3〜4歳になると，自分の姿や行動と自分の理想とする基準との比較による自己評価的な認知活動が生まれます。現実の自己が理想とする基準に達していれば「プライド」などの気持ちが生じ，基準に達していなければ「羞恥心」「罪悪感」などの気持ちが生まれます。そしてこの生じた気持ちがフィードバックされることで，羞恥心・罪悪感のもととなる不適切だと感じられる行動の抑制と修正が行われます。
　このように発達段階を経て，自己と自己でないものの区別ができるようになり，自分のさまざまな行動が自分に帰属することを理解できることが，自己認知の基盤となります。そして，さまざまな経験や他者とのかかわりを通して自分の短所・長所を把握し，性格や特性をとらえる自己認知を深めていきます。
　自己認知は，適切な自分の行動を選択し，他者との協働の場で自分は何ができるか，していくべきかを決定する力につながります。人はいろいろなタイプの人と出会い，かかわりあいながら，「自分はどんな人間か」「どう生きればいいのか」「人は自分のことをどう思っているだろうか」を考えて自己をイメージし，理解し，確立していくのです。自立のために必ず必要となる自己認知の能力を，小学校の発達段階のうちに，少しずつ蓄えていくことは大事なことです。

フィードバック
自分自身を振り返る働きと，第三者から与えられる正負のフィードバックとがある。ここでは，自分自身を振り返る働きのことをいう。

（3）自己認知と自己評価

　ところが，客観的な自己認知ができず，自分に対して「何をやってもダメだ」「何も取り柄がない」など低すぎる評価をしたり，反対に「自分は頭がよく，なんでもできる」など高すぎる評価をする子どもがいます。これは，自分自身への過大な要求や期待，理解力の不足など主体的な要因も関係しますが，成長の過程で周囲の人たちから不適切な働きかけを受けたことによるものも多いと考えられます。たとえば，できているところは当たり前と見過ごされ，できないところばかりを指摘されて叱られるといったような働きかけをくり返し受けてきた子どもは，いつもテストで9割以上正解しているような状況でも，「またミスをした。自分はできが悪い」という自己評価をしてしまうことがあります。

　低すぎる自己評価や高すぎる自己評価は，意欲的な行動につながりにくくなります。低すぎる自己評価の子は，何かを体験してそれに失敗したら「やっぱり自分はダメだ」，成功しても「こんなことはできても大したことじゃないんだ」というように，マイナスの体験となってしまい，低い自己評価が蓄積されてしまうことになります。高すぎる自己評価の子は，「自分はやればできるけどやらないだけ」と考えたり，期待どおりの結果が出なかったときは他者に責任転嫁するなど，こちらも意欲的な行動ができなかったり，やり遂げる経験ができにくかったりします。

　そこで，客観的な自己認知をするために必要となるのがセルフモニタリングです。

（4）セルフモニタリング

　自己認知には，セルフモニタリングというメタ認知活動がかかわってきます。セルフモニタリングとは，認知活動が適切に行われているか，たとえば「自分はどういう気持ちなのか」「自分の話は相手に伝わっているか」「記憶できたかどうか」などをモニターすることです。

　右ページの図のように，話をしている自分Aをもう一人の自分A'が観察しているところをイメージしてください。A'はAの考え方・行動・感情などを観察し，そのパターンについて認識・分析して何

メタ認知
メタ認知とは，認知活動（知覚する，理解する，記憶するなど）を認知することをいう。メタ認知活動には，自分の身体的特徴や能力・性格・知識を認識すること，自分の考え方や行動・感情のパターンについて認識し何が課題かについて明確にすること，その認識をもとに自分の考え方や行動をコントロールすることが含まれる。

A'：モニターする自分

自分を観察・認識

A

「相手の人に伝わっているかな？
相手の人は聞いてくれているかな？」
「自分は，話すときいつも相手の様子
を見ていないかも…」

が課題かを明確にします。これがセルフモニタリングの活動です。

　セルフモニタリングで認識したことをもとに課題に対する解決方法を考え，自分の行動や考え方を修正・調整する活動は，セルフコントロールにつながります。

　また，何か失敗するとすぐに「自分はダメな人間だ」と考えたり，よくないことが起こるとすべて自分のせいだと思い込んだりなど"考え方のクセ"をもっている場合，「その考え方は本当に妥当なのか？」「ほかの考え方はないか？」といったように，その考え方のもととなった認知の歪みや不合理性，過剰性などを特定していく際にもセルフモニタリングは必要になります。このように自分を客観視して認知することは，自己理解を深め，適応を促進するためにとても重要です。

　客観的に自分自身を見ることが苦手なタイプの子どももいます。そういう場合は，その子のしていることをほかの子がやっているのを想像させ，それを見たら自分はどう思うかを聞いてみます。そして，そのモデルの子を自分に置き換えて考え直すようにしていくとよいでしょう。

> セルフコントロールについては
> ➡ P111〜参照。
>
> 考え方のクセ
> ➡ P122参照。

（5）自己紹介を通して自己認知を促す

　自分を客観的に見つめる手段の一つとして有効なのが，自己紹介です。自分を振り返り，自分の性格の強み・弱みを知ることで自己認知を深めることができます。

①自分の性格や特性について，客観的に見つめ言語化する

　わかったつもりになっていたあいまいな考えも，言葉に置き換えることで明確になります。自分の得意なこと・好きなこと，自分の苦手なこと・嫌いなこと，自分とはどういう人間なのかを考えて，自分を客観的に見つめ，言語化することを促します。

②他者からのプラスの評価を自己認知に生かす

　自分についての認知をする際には，必要以上に低めず，高めず，自分を把握することが理想です。しかし，自分を客観的に見つめることは難しく，ともすると低い自己評価になってしまうことがあります。そんなとき，他者からプラスの評価をもらうことができれば，自己認知が広がり，自己紹介にも生かすことができます。特にその子にとって強みとなることがらについて，他者からプラスの評価をもらえるような活動を取り入れるとよいでしょう。

　また，自己紹介は発表の機会ともなり，自分のアピールを相手にわかりやすく話すスキル，相手のアピールを聞くスキルを同時に養います。また，自分のアピールを聞いてもらったときの，自分が受けとめられたという体験を通して，他者に向かって自分をアピールすることについての自信も深まっていきます。

（6）自分の生活と身体について知る

　自分の生活習慣や身体について知ることも，自己認知の基盤となります。

①自分の生活について知る

　小学生のうちは，基本的な生活習慣の中で自主的にできることと保護者の方や先生から言われているからできることの区別があいまいです。できていると思っていても，自分一人の判断では行っていない場合があります。「○○しなさい」と言われるからできるのと自分から必要性を感じて行うのでは，結果は同じでも，その子の中に蓄積された力には大きな差があります。

　まず生活習慣についてのチェックシートを用意し，それに記入することで生活を振り返り，自分の状況が把握できるようにしましょ

> 生活習慣のチェック
> ➡P74 ソーシャルスキルワークステップ2-②，P76 生活アンケートが活用できる。

う。そして，自分は何ができていないかを自覚し，それができるようになるよう目標を決めてクラスで取り組むなどの活動につなげていくとよいでしょう。

> 生活習慣の自己管理
> ➔生活習慣上の目標達成については，PDCAサイクルの活用例（P136）参照。

②自分の身体について知る

　一人ひとりの身体の強み・弱みは異なります。まず，子どもたちが自分の身体の特性を把握し，自分の体調を知り，自分の身体を大切にし，かつ守るとはどういうことかを理解する必要があります。それが，自分の身体をケアし，自己管理する力を養う第一歩となります。

　次のような健康チェック項目で自分の体調を振り返る機会を設けてみましょう。このことにより，自分の身体の状態を知るためにどのような点をチェックすべきかを徐々に理解できるようにしていきます。

〔健康チェック項目例〕
□夜はよく眠れた
□朝，気持ちよく起きられた
□朝ごはんをしっかり食べた
□いすに姿勢よく腰かけていることができる
□身体に調子の悪いところがある
　（あてはまるものに○をつけましょう）
・頭が痛い　・おなかが痛い　・熱っぽい　・下痢（げり）気味
・歯が痛い　・胸が苦しい　・あくびが何度も出る
・身体がだるい　・すぐにイライラしてしまう
・その他（　　　　　　　　　　　　　　　　　）

※チェック項目については，内容や表現をクラスの実態に合わせて適宜変更してください。

　身体の調子の悪いときは，いろいろなところにそのサインが出ます。小学生段階では，そのことを知り，自分の身体が発するサインを見逃さず，放置せず，対処することを学びます。低学年では，おなかが痛い・頭が痛い・寒気がするなどの身体の不調を自覚して，家族や先生に説明し，相談できることをめざします。高学年では，それに加えて身体がだるい・眠いなどが自覚でき，その原因が推測

できるようになることをめざします。そして，自分の体調をよくするためにどうすればよいか（睡眠を十分とる，バランスのよい食事をするなど）を考え実行できるようになれば，身体の自己管理につながります。

（7）自尊感情を育てる

　自尊感情をもつ，自分を好きになるということは，自分を過剰に肯定的に評価するということでもなく，人と比較して優れているところだけを評価するということでもありません。自分の能力や性格などを等身大に認知して低すぎず高すぎず自分を評価し，「こんな弱点もあるけれど，こんないいところももっている自分」をありのままに受けとめられることが大切なのです。「みんな違って，みんないい」という考え方ができることが，自尊感情の基本となります。

　自尊感情を高めるために，何か特別な方法があるわけではありません。何気ない人とのかかわりあいの中で，「正のフィードバックをもらいながら自己評価して，自分を肯定的に受け入れて大切にしていく」「相手の思いを共感的に聴きながら，一人ひとりの違いを理解していく」「さまざまな体験をする中で，達成感を得たり，人から感謝されたりする」といった体験が必要です。自尊感情を育てる上で大切な時期である児童期に，このような機会を先生がたくさんつくってあげるとよいでしょう。そして，子どものちょっとした行動や発言のよさや伸びに目を留めて，ほめて認めることが大事です。

正のフィードバック
自分自身について他人から意見をもらうことをフィードバックという。正のフィードバックは，ほめる・称賛するなどポジティブに作用する働きかけである。これとは反対に，けなす・否定するなどネガティブな働きかけとなるのが負のフィードバックである。

ソーシャルスキルワークでは、

自己認知を深めるために、『ソーシャルスキルワーク』を使って自身の特徴や身体・生活リズムなど、自分のことについて考える機会をもちます。ワークでは、自分についてのあいまいなイメージを視覚化・言語化することで自分像を明確化し、客観的に自身を見つめていくことに重点をおいています。

ソーシャルスキルワーク ステップ6-②

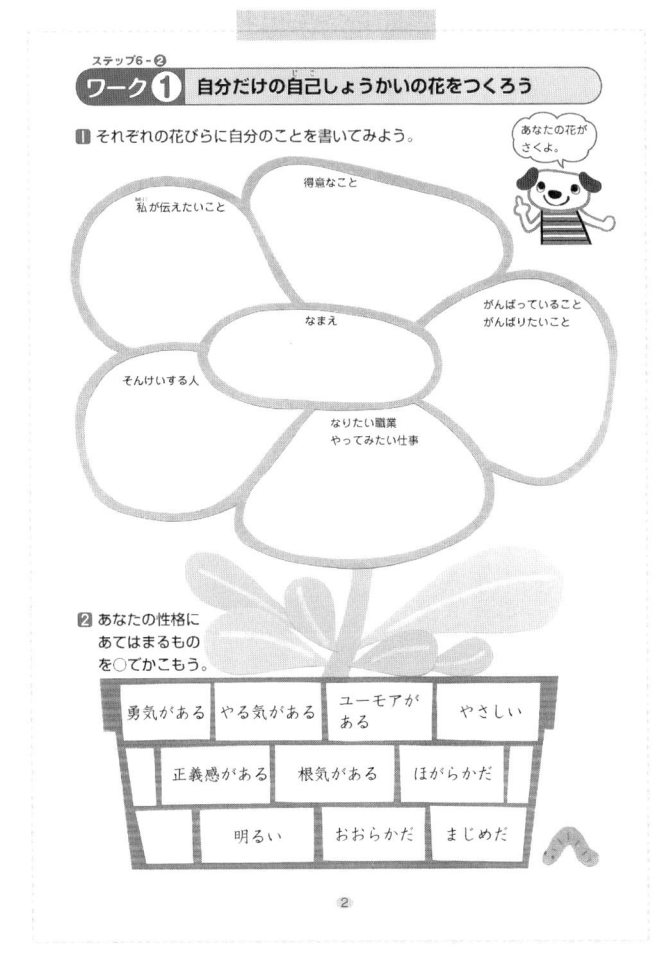

- 自己紹介文を書く前段階として、項目に沿って自分を振り返り、文にします。
- 性格については、自分のプラスの面に注目させるようにします。
- 花びらに書いた内容をもとに自己紹介文を書き、発表する活動につなげます。

→ステップ1-③でも自己紹介の学習ができます。

ソーシャルスキルワーク ステップ2-②

- 「自分の生活を知る」ことを目的としたワークです。
- 生活習慣の中で、できていること、できていないことを確認します。
- できていない項目については、目標を立ててできるようにしていくセルフマネジメントの学習につなげます。

→ステップ5-②でも「自分の生活を知る」についての学習ができます。

ソーシャルスキルワーク ステップ5-②

- 「自分の身体を知る」ことを目的としたワークです。
- 健康管理のために最低限必要な項目についてチェックし、自分の体調を意識させます。
- 身体の調子が悪いときにはどんなサインが身体に出るのかを確認しあい、体調を管理する学習につなげます。

→ステップ2-②でも「自分の身体を知る」についての学習ができます。

こんな子どもには…

自分で自分のことに気づかない子

Q：友達に対しては，「そんなこと，してはダメ」とすぐに注意するのに，自分のしている過ちには気づいていない子がいます。自分勝手な子という印象をもたれ，周囲の子にあまりよく思われません。どうすればよいでしょうか？

A：　このような子どもは，先生や親に言われたルールを守ろうとするのはよいことなのですが，場面による融通がきかずに，ルール違反をすべて注意してしまいがちです。また，自分でも同じような過ちを犯してほかの子に注意されると，素直に受けとめることができずにイライラしてしまったり，パニックに陥ってしまったりすることがあります。

　まず，「注意は先生がするから，気がついたらその子に注意せずに，まず先生に伝えてね。」というような約束をして，実行させます。それができたときには大いにほめて，定着を図るようにします。

　また，他人から注意を受けてイライラしているようなときには，教室から離して一人でいられる場所で，まずクールダウンをさせます。気持ちが落ち着いてきたところで，いっしょに出来事やそのとき考えたことの振り返りをしていきます。このときに，一方的に先生が話してことを収めてしまうのではなく，できる限り本人に話をさせるように心がけます。うまく表現できないようなときには，「いつ・どこで・だれと・どうした」のように具体的に質問をしてあげるとよいでしょう。この振り返りの中では，「それではダメだね。」と切って捨てるような表現はせずに，「そういう考えもあるよね。」と，いったん受けとめてから「こういう考え方はできないかな。」と，気づきを誘うようにすることが重要です。

参考資料

◆生活アンケート（例）

　アンケートに記入することにより，自分の生活習慣を振り返るきっかけとします。クラスの実態に応じて，歯磨き・洗顔の習慣，テレビの視聴時間，ゲームの時間についての質問項目を加えてもよいでしょう。

3・4年生対象

生活アンケート（児童記入）　　年　　組　　番　なまえ

◆ つぎの質問に答えて数字に○をつけましょう。

[就寝・起床の習慣について]

① いつも何時ごろにねますか。（どれか一つに○をつけましょう）

| 1. 9時前 | 2. 9時ごろ | 3. 10時ごろ | 4. 11時ごろ | 5. 12時すぎ |

② なぜその時間にねていますか。（あてはまるものすべてに○をつけましょう）

1. 早くねるように気をつけているから	2. 宿題や勉強をしているから	3. テレビを見たりゲームをしたりしているから
4. 本やマンガを読んでいるから	5. 習いごとなどで帰ってくる時間がおそいから	6. おうちの人のねる時間がおそいから
7. ねようと思ってもなかなかねむれないから	8. その他（　　　　　　　　　　　　　　　　）

③ いつも何時ごろ起きますか。（どれか一つに○をつけましょう）

| 1. 6時前 | 2. 6時半ごろ | 3. 7時ごろ | 4. 7時半ごろ | 5. 8時すぎ |

④ なぜその時間に起きていますか。（あてはまるものすべてに○をつけましょう）

1. 早く起きるように気をつけているから	2. 朝，宿題や勉強をするから	3. しぜんに目がさめるから
4. おうちの人が起こすから	5. 朝ごはんをしっかり食べたいから	6. ねむくて起きられないから
7. おうちの人に起こしてもらえないから	8. その他（　　　　　　　　　　　　　　　　）

⑤ いつも朝は，どのように起きていますか。（どれか一つに○をつけましょう）

| 1. 目ざまし時計がなくても自分で起きる | 2. 目ざまし時計で起きる | 3. おうちの人に起こしてもらう |

[食事の習慣について]

⑥ 食事のとき，テレビを消していますか。（どれか一つに○をつけましょう）

| 1. いつも消している | 2. だいたい消している | 3. あまり消していない | 4. 消していない |

⑦ いつも朝ごはんを食べていますか。（どれか一つに○をつけましょう）

| 1. 毎日食べている | 2. 食べることのほうが多い | 3. 食べないことのほうが多い | 4. 毎日食べない（その理由　　　　　） |

⑧ 今日の朝，何を食べましたか。（あてはまるものすべてに○をつけましょう）

ア．	ごはん	パン	めん類（うどん・そばなど）	コーンフレーク・シリアル	もち
イ．	なっとう	たまご料理（めだまやき・たまごやき）	ハム・ソーセージ	肉・魚料理（　　　　　　　　　　）
ウ．	サラダ	やさいいため	やさいの入ったみそしるやスープ	くだもの（　　　　　　　　　　）
エ．	牛にゅう	ジュース	お茶・紅茶など	ヨーグルト	プリン
オ．	その他（　　　　　　　　　　　　　　　　　　　　　　　　　　　）

(3・4年①)

3. 言葉・表現スキル

強い口調になっているのに気づかず
友達が離れていってしまう子
相手の言うことを聞かないで
自分の主張だけを伝える子
どちらも,さみしい思いが生まれてしまいます
言葉の使い方や主張が上手にできない子どもたち…

いろいろな言い方を知ることが
どんな影響をもたらすのでしょうか
どうすれば自分の主張を
上手に伝えられるのでしょうか
いっしょに考えてみましょう

強気発言をする子
- なんでだよ！聞いてよ！
- 泣かせちゃった。
- けんかになっちゃった…。

友達が離れてしまう子
- 嫌な顔されちゃう。
- なんで,話をしてくれないのかな？

★言葉・表現スキルは『ソーシャルスキルワーク』の ▨▨ の単元で取り上げています。

	❶	❷	❸	❹	❺	❻	❼	❽
ステップ1								
ステップ2			いろいろな言葉					
ステップ3		いろいろな言葉	表現の不思議					
ステップ4		いろいろな言葉	表現の不思議					
ステップ5			言葉と表現					
ステップ6			言葉と表現					

→詳しくはP46・47の単元構成表を参照してください。

ここでは，子どもたちに身につけてほしい「言葉と表現のスキル」について考えていきます。そのスキルの中心となるのが，あたたかく、やわらかい言葉「ふわっと言葉」と相手を配慮しながら自己主張をしていく「アサーション」という表現方法の二つです。

1. 言葉

ふわっと言葉とチクッと言葉
～「ふわっと」やさしい言葉が満ちたクラスや家庭に

（1）心は「言葉」を栄養として育つ

体が食べたものを吸収し栄養として育つように，心は受け取った言葉を栄養として育ちます。特に，言語を形成していく時期，精神的にも大きく成長して自我を形成していく発達期において，言語環境が与える影響は大きなものがあります。

家庭内やクラス内で使われ，自分に降りかかる言葉が，「やさしく慈愛のようにしみわたり勇気づけられるもの」か，「ナイフのように突き刺さり，傷を与えてやる気を失わせるもの」かは，子どもたちの成長を大きく左右します。

また，会話に使われる言葉がやさしく思いやりを感じられるものであることが，お互いのコミュニケーション力を高める土台となります。やさしい言葉で伝えること，やさしい言葉で返すことは，相手を大切な存在として受けとめていることを言葉で示していることになるのです。

（2）言葉でクラスを変えられる

すぐに衝動的・攻撃的・暴力的な行動をとってしまう「キレる」子たちが増えているといわれています。その背景には，罪悪感をもつことなく「死ね」「消えろ」「マジ切れ」「ぶっ殺す」など暴力的で否定的な言葉を使う言語環境があるのではないでしょうか。

本来，子どもたち自身が受け取りたい言葉はやさしい言葉である

言語環境
2000年の第20期国語審議会では、「『言語環境』とは，言語生活や言語発達にかかわる，文化的，社会的，教育的等の環境を言う。特に言語形成期・発達期の子供たちにとって，学校,家庭,地域社会,新聞・放送等の言語環境が及ぼす影響は大きいと思われる。」とし，学校・家庭・地域社会における言語環境の整備や新聞・放送等の役割について言及した。

はずです。適切な言葉の使い方を学び、言われた言葉でうれしくなった、友達にやさしい言葉をかけることができた、というような体験をどんどん増やしていくことが大切です。

　言葉と気持ちには関係があります。言われた言葉によって、やる気が出たり、がっかりしたり、勇気がわいたりします。逆に考えれば、言葉をうまく利用することで、クラス全体の雰囲気をがらりと変えることができるということです。

　たとえば、都内の小学校のあるクラスは、「キモい」「うざい」などの言葉を使う子が多く、授業のときも間違った答えを言った子をばかにしたり、はやし立てたりする落ち着かない状態でした。そこで、「やさしい言葉で終わろうね」を合言葉に授業や一日の終わりをやさしい言葉で締めくくる実践を始めました。そして、次のようなことにもクラスで取り組んでいきました。

- 自分が言われてうれしい言葉を人にも使うようにする
- ふだんの生活で「やさしい言葉」のボキャブラリーを増やす
- やさしい言葉でクラスがまとまる体験ができるような機会を設ける

　すると、児童が「やさしい言葉」について意識しはじめ、友達を傷つけるような言葉を使う子がだんだん減っていきました。思いやりのある言葉や友達を励ます言葉を聞くことが増えてくるにしたがって、授業態度も落ち着いて発言が増え、あたたかいクラスに生まれ変わったことが報告されています。

　このように、言われてうれしい言葉・言われて嫌になる言葉をクラス全体の共通理解事項として徹底し、やさしい言葉を使う言語環境を整えることによって、クラスの雰囲気を変えていくことが可能になるのです。

（3）「ふわっと言葉」「チクッと言葉」とは

　子どもたちと言葉の使い方を学ぶ際には、心があたたかくなり元気が出る言葉を「ふわっと言葉」、心に刺さる嫌な言葉を「チクッと言葉」と名づけ、言葉への理解を進めていくとよいでしょう。「ふわっと言葉」「チクッと言葉」については、次ページの図のようにまとめることができます。

ふわっと言葉・チクッと言葉
第1章執筆者の阿部利彦先生の表現です。

> ストローク
> ➡ P84 参照。

相手の価値を肯定的に認めるふわっと言葉は「プラスのストローク」ととらえることもできます。ストローク理論によると，ふわっと言葉は相手を元気にするだけでなく，人に言うことによって自分の中にもやさしい気持ちが蓄積され，プラスのストロークとして自分にも返ってくるといわれています。

ふわっと言葉

言われるとうれしくなったり，
元気が出たり，
心があたたかくなったりする言葉

こんな言葉は「ふわっと言葉」……

● ほめて認めてくれる言葉
　やったね！　　すごい！
　がんばったね　よかったね
　すてきだね　　えらいね

● 励ます言葉
　ドンマイ　　だいじょうぶだよ

● 感謝や謝罪の言葉
　ありがとう　うれしかったよ
　ごめんね

● 共にする言葉
　いっしょに遊ぼう
　いっしょにやろう

チクッと言葉

言われると悲しくなったり，
いらいらしたり，
心が傷ついたりする言葉

こんな言葉は「チクッと言葉」……

● 命にかかわる言葉
　死ね　ぶっ殺す
　いないほうがまし

● 身体に関する言葉
　チビ　デブ　ブス
　バカ　どアホ

● 動作に関する言葉
　のろま　ぐず　にぶい
　ドンくさい　とろい

● 排除する言葉
　あっち行け
　いっしょに遊ばないよ

（4）ふわっと言葉と「自己肯定感」

　ふわっと言葉を集めてみると，そのバリエーションが意外と少ないことに気づきます。日本語には否定を表す言葉が多いわりには，ほめることやプラスの評価を表す表現が少ないことがその背景にあるように感じます。日本では一般に，できないことを叱責して教育する傾向が強く，ほめて伸ばすということにまだ慣れていないともいえます。

　ところが，叱責やマイナス評価を受け続けた子どもたちには，やる気の喪失，自尊感情の低下が生じます。これが日本の青少年の自己肯定感の低さと関係しているのではないでしょうか。

　先生自身が日頃から，「できていないところを叱って正す方法」を中心とするのではなく，「できているところを認めて伸ばす方法」をうまく取り入れることを心がける必要があります。それが子どもたちの自己肯定感を高め，また子どもたちにふわっと言葉を使うことのモデルを示すことにもなるのです。

自己肯定感の低さ
➔ P39 参照。

できていない部分に注目し，目標を達成したらほめる

できていない部分　　できている部分

できている部分に注目し，目標を達成していなくても途中経過をほめる

まだ……ができていないわね！
全然進んでいないじゃない。

もう……ができたのね！
あと残りもできそうだね。

ソーシャルスキルワークでは

「ふわっと言葉」が使えるようになるためには，まず「ふわっと言葉」「チクッと言葉」とはどんな言葉か，その言葉を言われたらどんな気持ちになるのか，ということをクラス全員が理解する必要があります。『ソーシャルスキルワーク』を使った学習で理解を促すことができます。

ソーシャルスキルワーク ステップ3-②

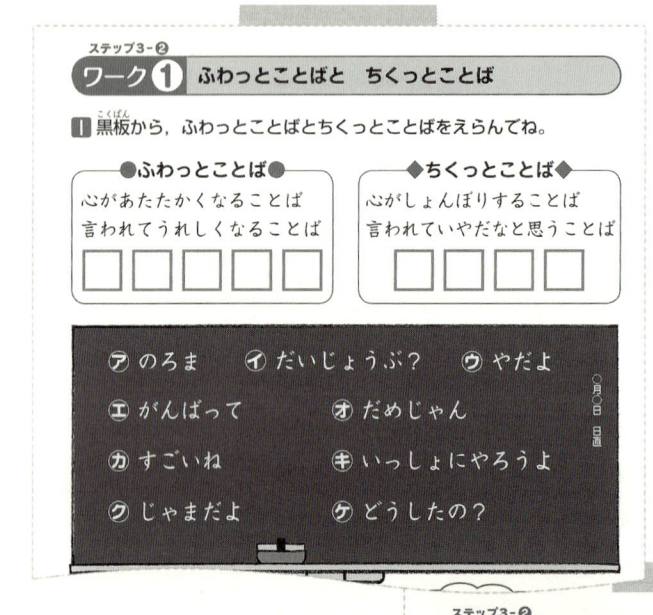

ワーク① ふわっとことばと ちくっとことば

1 黒板から，ふわっとことばとちくっとことばをえらんでね。

●ふわっとことば●
心があたたかくなることば
言われてうれしくなることば
□□□□

◆ちくっとことば◆
心がしょんぼりすることば
言われていやだなと思うことば
□□□□

- ㋐ のろま
- ㋑ だいじょうぶ？
- ㋒ やだよ
- ㋓ がんばって
- ㋔ だめじゃん
- ㋕ すごいね
- ㋖ いっしょにやろうよ
- ㋗ じゃまだよ
- ㋘ どうしたの？

- いくつかの言葉を「ふわっと言葉」と「チクッと言葉」に分ける作業を通して，二つの言葉の性質を理解させるためのワークです。

- ワークの言葉を取り上げ，その言葉を言われることによって気持ちがどう変わるかもみんなで考えてみましょう。

- ワークの言葉のほかにも，本書P80で挙げた言葉について考えさせてもよいでしょう。

- チクッと言葉を言われた側の気持ちを想像することで，言葉が気持ちに与える影響を考えます。

- ワークではこの後，チクッと言葉をふわっと言葉に言いかえる，人を誘うときや励ますときのふわっと言葉を考えるなど，実際に使えるようになるよう，ステップを踏んで学習していきます。

→ ステップ2-③，ステップ4-②でも「ふわっと言葉」の学習ができます。

ワーク② あんしんするよ ふわっとことば

1 どんな気もちになるかな？ □ に書いてみよう。

「なにやってんだよ。」

「もたもたしないでさっさと立てよ。」

2 ふわっとことばにかえようね。

クラスでの取り組み

ふわっと言葉でいっぱいのあたたかいクラスにするために，次のような活動をしてみましょう。

① 言われた言葉一つで気持ちがどう変わるか，具体的な言葉を挙げてみんなで考える。
　➡ P82のソーシャルスキルワークが活用できます

② チクッと言葉を集めて，言われたらどんな気持ちがするかみんなで体験してみる。
　➡ P82のソーシャルスキルワークが活用できます

③ 言われてうれしかった言葉を集めて発表しあう。

④ ひと言の重みを感じて言葉を大切にすることについて話し合う。

⑤ ふわっと言葉とチクッと言葉を掲示物にまとめる。
　➡ P91参考資料のプリント「ちくっとこと葉とふわっとこと葉」，掲示イメージ「ふわっとこと葉の木」が活用できます

指導上の注意点

　ふわっと言葉は，ひととおり学習すればそれで定着するというものではありません。学習のあとも，日常的に言葉について意識させる機会をつくっていくことが大切です。「今言った友達をほめる言葉，とてもいいね」など，子どもたちが使ったよいふわっと言葉の例を評価したり，うっかりチクッと言葉を使っていたときは「ふわっと言葉で言えるかな」と声をかけたりしてみましょう。そうすることで，積極的にふわっと言葉を使おうという気持ちが育っていきます。

　クラスには，きつい言い方が癖になっていてなかなかチクッと言葉をやめられない子や，照れくさくてふわっと言葉を口にしづらい性格の子もいるかもしれません。そのような子をクラスみんなで責めるような雰囲気にならないよう気をつけましょう。ふわっと言葉を使えていなくても，以前よりもチクッと言葉が少なくなってきたことを認める，言葉にはできていなくても友達に思いやりをもって接しているところを見つけてほめる，などの配慮をしていきたいものです。

　また，チクッと言葉を使う子は，家庭で親や兄弟姉妹からそのような言葉を言われていることも考えられます。次のような方法でクラスの取り組みを保護者の方にも伝え，家庭でもチクッと言葉をなくし，ふわっと言葉を使ってもらうよう協力をお願いしてみましょう。

- 保護者会のときなどに「ふわっと言葉」「チクッと言葉」の掲示を見てもらう。
- 学級通信などを利用して，「ふわっと言葉」「チクッと言葉」について説明し，学習の様子や子どもの変化などを伝える。

Column

プラスのストロークを貯めよう！
「コミュニケーションはストロークの交換である」——エリック・バーン

ストロークとは

　心理学に「ストローク」という用語があります。アメリカの精神科医エリック・バーンが提唱した「交流分析」という精神療法でよく使われるキーワードで，人と人とのかかわりあいにおいて相手の価値や存在を認めたり否定したりする態度のことをいいます。

　ストロークには下の表のように「プラスのストローク」と「マイナスのストローク」があります。相手の価値を肯定的に認めるふわっと言葉は，プラスの言語的ストロークに含まれます。

	プラスのストローク	マイナスのストローク
	存在価値を肯定的にとらえる 愛する・ほめる・感謝する	存在価値を否定的にとらえる 憎む・嫌う・けなす・ねたむ
言語的ストローク	ふわっと言葉（P80参照）	チクッと言葉（P80参照）
非言語的ストローク	傾聴する・見つめる・うなずく・笑顔をおくる	無視する・冷たい視線をおくる・仲間はずれにする
身体的ストローク	握手する・抱きしめる・肩をたたく・なでる	なぐる・ぶつ・物を投げる・蹴る

ストローク経済学

ストロークは貯金できる

　ストロークは貯金にたとえることができます。プラスのストロークを受けるとプラスのストロークが，マイナスのストロークを受けるとマイナスのストロークが貯まっていくので，「ストロークバンク」といわれています。プラスのストロークの貯金があれば，そこから引き出して人から受けたマイナスのストロークを受けとめ，相殺することができますし，人に対してもやさしい気持ちになれるので，プラスのストロークをあげることもできます。人にあげたプラスのストロークも，また自分の残高に加えられます。

ブーメラン効果

　プラスのストロークを人にあげていると，自分の中にドンドン蓄積されていくだけでなく，自分のところに戻ってくるといわれています。それがブーメラン効果です。ことわざにある「情けは人のためならず」ですね。

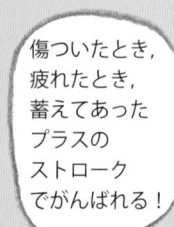

傷ついたとき，疲れたとき，蓄えてあったプラスのストロークでがんばれる！

残高たっぷり

＊人にあげたプラスのストロークは自分に戻ってくる。

2．表現

アサーション
～相手を否定せずに自己主張する WIN-WIN のコミュニケーションスキル

　相手に思いを伝えたいとき，つい自分の主張ばかりして「言わなければよかった」と後味の悪い思いをしたり，反対に「はっきり言っておけばよかった」と後悔したり…。きっと誰にもこのような経験があるでしょう。
　自己主張が苦手で思ったことを言えずがまんし続け相手の言うことに従ってしまったり，逆に自分の要望ばかり強く主張したりする子どもたちに必要とされるのが，アサーションというコミュニケーションスキルです。

（1）アサーションとは

　アサーション（Assertion）とは，直訳すると「自己主張，自分の意見をはっきり述べること」という意味ですが，心理療法ではよりよい人間関係を築くための，自分も相手も大切にした自己表現法ととらえます。アサーションの考え方では，コミュニケーションのタイプを次の三つに大きく分けてとらえます。

> **WIN-WIN のコミュニケーションスキル**
> お互いの主張がぶつかったとき，一方が「勝つ」と一方が「負ける」のが普通だが，どちらも「勝ち」，どちらも満足する方法を WIN-WIN という。

①アグレッシブ＝攻撃的タイプ
　「相手を否定して自分のことばかり主張する表現」の方法です。一方的に要求を押しつけたり，相手の頼みを一言のもとに拒否したり，理由も聞かず相手を責めたり叱ったりする表現がこれに含まれます。言われた相手は不快な感情を抱きがちになります。

②ノンアサーティブ＝非主張的タイプ
　「自分を抑えて相手に逆らわない表現」の方法です。たとえば，無理な頼まれごとをされて本当は断りたいのに，自分の気持ちを率直に言えず引き受けてしまうような場合がそれにあたります。このような表現を続けていると，欲求不満に陥ってしまうことがあります。

こんなふうに言われたら……

○○ちゃんのプレゼント，Aでいいよね？

①アグレッシブ
＝攻撃的タイプ

えー，それダサいよ。絶対Bのほうだよ！

②ノンアサーティブ
＝非主張的タイプ

うん…いいよ。

ほんとはBがいいけど…。

③アサーティブタイプ

Aもかわいいね。○○ちゃんはピンクが好きだから，私はBもいいと思うよ。

③アサーティブタイプ

「相手のことを配慮しながら，自分の主張をしていく表現」の方法です。この方法は，攻撃的でも非主張的でもなく，相手の気持ちを受けとめた上で，率直に自分の主張・考えを伝えるやり方です。

この③のアサーティブな表現方法をアサーションといいます。

（2）自分と相手を尊重する表現方法

自分の主張を聞いてもらうためには，相手にまず自分を受け入れてもらわなくてはなりませんし，自分も相手を受け入れることが必要です。そのためには，次のような態度が大切です。

- 相手の状況を考慮した言葉を言うこと
- 相手の状況をプラスの気持ちで受けとめ批判をしないこと
- 自分の気持ち・考え・信念に対して正直・率直になること

これがアサーションの基本となる態度です。

それでは，アサーティブな表現とは具体的にはどのようなものでしょうか。アサーティブな表現には，次の三つの言葉が含まれてい

ることがポイントとなります。

アサーティブな表現3点セット

> A. 否定せず，相手を受けとめる言葉
> B. 自分の気持ち・主張を伝える言葉
> C. 代わりの案

　たとえば下図のように，今は応じられない頼みごとをされたとき，拒否の言葉だけを伝えるのではなく，**A** いったん相手の気持ちを受けとめたうえで，**B**「今は貸せない」という意思を伝え，**C** さらに代替案を提示します。これによって双方にストレスを生まない自己主張が可能になります。

　このほかにも，伝える，聞く，誘う，助けを求める，協力する，ほめる，尊重する，配慮する，お礼を言うなど，日常のいろいろな場面で言葉を用いたコミュニケーションが必要とされますが，どのような場面でも，基本となるのは「自分も相手も大切にする」アサーティブな表現方法です。

　子どもたちは，アサーティブな表現の方法を知ることによって，それぞれの場面や状況，相手に合わせた次の段階の表現方法に生かすことができます。

この本貸して！

A. 相手の気持ちを受けとめる
○○くんも読みたかったんだ。これ，いいよね。

B. 自分の言いたいことは伝える
でも，今読んでいる途中だから貸せないの。

C. 代わりの提案をする
来週ならだいじょうぶだよ。

ソーシャルスキルワークでは、

アサーティブな表現方法を学ぶにあたっては，まずアグレッシブな表現・ノンアサーティブな表現・アサーティブな表現の違いを知る必要があります。『ソーシャルスキルワーク』で実際の会話例に沿って作業することで，無理なく理解を進め，最終的にはアサーティブな表現を自分で考えることをめざします。

ソーシャルスキルワーク ステップ4-③

ワーク❶ 言い方のタイプを見分けよう

◆ 下の⑦〜⑦の言い方は，どのトークに入るかな？

強気トーク	がまんトーク	すっきりトーク
相手の気持ちや言ったことは受け入れないで，自分の気持ちや言いたいことだけ言う。（強気な言い方）	相手の気持ちや言ったことは受け入れて，自分の気持ちや言いたいことが言えない。（がまんする言い方）	相手の気持ちや言ったことを受け入れて，自分の気持ちや言いたいことも言える。（おたがいに言うことを受けとめてすっきりする言い方）
⑦	⑦	

- 3タイプの表現の違いやアサーティブな表現に含まれる要素について理解することを目的としたワークです。
- それぞれの表現方法については，子どもたちにわかりやすい名称で示しています。
  - アグレッシブな表現
    ＝強気トーク
  - ノンアサーティブな表現
    ＝がまんトーク
  - アサーティブな表現
    ＝すっきりトーク

ワーク❷ 言い方のちがいはどこにある？

1 どんな言い方をしているかな？ □ に⑦，⑦を書こう。
（記号が二つ入るときもあるよ。）

⑦ 自分の気持ちや言いたいことを言っている。
⑦ 相手の気持ちや言ったことにこたえている。

→ ステップ3-③でも，「すっきりトーク」の学習ができます。

アサーティブな表現に関連したコミュニケーションスキルの学習として，次のようなワークもあります。

→ ステップ4-⑦質問のしかた
→ ステップ5-⑦頼み方と断り方
→ ステップ6-⑦助けと協力

クラスでの取り組み

アサーティブな表現方法を学ぶことで，子どもたちは友達との間のコミュニケーション力を高めるほか，その表現方法をクラスでの話し合い，意見の言い方などにも幅広く活用することができるようになります。また，相手を受けとめる体験，自分を受けとめてもらう体験を通して自分に対する自信を深め，自分と相手を大切にする気持ちが育まれます。アサーティブな表現を身につけるために，クラスで次のような取り組みをしてみましょう。

① 子どもたちが自分の表現方法を振り返る機会をもつ。

日常の場面を設定し，「こんなときはどんな言い方をしているか」を確認します。

② アグレッシブな表現・ノンアサーティブな表現について理解する。

➜ P88のソーシャルスキルワークが活用できます

自分の言葉を振り返り，表現方法の傾向について理解していきます。自分の傾向を知ることで，気をつけなければいけないことがわかってきます。

③ アサーティブな表現のモデルとなる表現方法を明確にする。

➜ P88のソーシャルスキルワークが活用できます

指導上の注意点

三種類の表現の違いを確認するとき，子どもたちになじみのあるマンガのキャラクターなどを使うとイメージしやすくなります。たとえば，『ドラえもん』のジャイアン（アグレッシブな表現）・のび太（ノンアサーティブな表現）・しずかちゃん（アサーティブな表現）を使ってみます。「自分がやりたい遊びと違う遊びに誘われたとき」「大切にしているものを貸してと言われたとき」「わからないことを質問するとき」などの場面で，イラストを使ったり先生がキャラクターに扮したりしてそれぞれどのような表現をするかを示します。

子どもたちが，自分はどの表現で言うことが多いのかに気づくことはとても大切です。自分の傾向を理解した上で，上記のような場面についてロールプレイングをしてアサーティブな表現を練習します。強気トークで言うことが多く周りを支配していたり，自分のきつい言い方に気づかず友達に敬遠されたりしている子は，「相手の気持ちを考えること」をポイントにします。はっきり言うと友達に嫌われるのではないかと考えていつもがまんをしている子は，「自分の気持ちを伝えること」をポイントにします。

ロールプレイングをジャイアン・のび太・しずかちゃんなどの役に分かれてする方法もあります。自分の性格のままでなく，キャラクターを演じることにより，自分とは違う表現をするタイプの子の気持ちも知ることができるという利点があります。

こんな子どもには…

🪨 乱暴な言葉遣いがなおらない子

Q： 2年生のクラスです。「ふわっと言葉」を使おうと呼びかけているのですが，どうしても乱暴な言葉がやめられない子がいます。友達に対して「死ね，ブス」「ぶっ殺す」と言ったり，親や教師に向かっても「うっせえ，ババア」と言ったりする言葉遣いがなおりません。

A： 小学校の低学年から大人に乱暴な言葉を使って向かってくる子は，基本的な大人との信頼関係ができていないことが多いのです。その背景として，「家庭内が暴力的で，すぐひっぱたかれる，なぐられる，乱暴な口調で叱られる」「保護者自身が適応障害で不適切な養育を受けている」などのケースが考えられます。そのような家庭環境で心に不満がたまっていて，それが言動にあらわれることが見うけられます。このような子を，発達性のADHDの子どもに対して，後天的なADHDと称することもあります。また，発達障害の子どもは育てにくいので，親が追い詰められて「なぐってでもしつけないと…」と思い込んでしまうため，力による養育がされやすく，後天的要因が重なることもあります。

　ストローク理論でいうと，プラスのストロークバンクは空っぽで，マイナスのストロークを受けてきた子どもと考えるとよいでしょう（ストロークについてはP84参照）。このように不適切な養育を受けた子どもたちは，大人を鋭い軽蔑的な目で見たり，反抗的な態度でつっかかってきたりします。一方，愛情や理解に飢えているために，いったんわかって理解してくれる大人だと思うと，非常に甘えてくることもあります。このようなケースでは，養育者と同じように厳しい態度で叱って言うことをきかせようとすると，ますます反抗的な態度をとったり暴れたりします。こういう子どもには，根気よく愛情をかけて，やさしい言葉と態度で接してくれる大人の存在が必要です。先生方も大変だと思いますが，学校全体でその子を理解し，よいところを認め，プラスのストロークをたっぷりあげてください。

　その上で，言葉遣いに関してもみんなの前で叱らずに，一人のときに一対一で「あなたも〜（場所）でそういう言葉を使われて悔しい思いをしてるんだね…。よくがんばってるね。でも，みんなもそういう言葉を使われると嫌だと思うから，ふわっと言葉を使おうね。そのほうがお互いにいいもんね」と，その子の気持ちを汲んだ上でやさしく諭してあげましょう。

参考資料

1＞プリント例 「ちくっとこと葉とふわっとこと葉」

　子どもたちが葉の形のカードに書いた「ふわっと言葉」や「チクッと言葉」を模造紙に貼って，言葉の木にして教室に掲示します。ふわっと言葉のバリエーションが広がり，視覚を通してふわっと言葉を使っていこうという意識づけをすることにもなります。

3・4年生対象

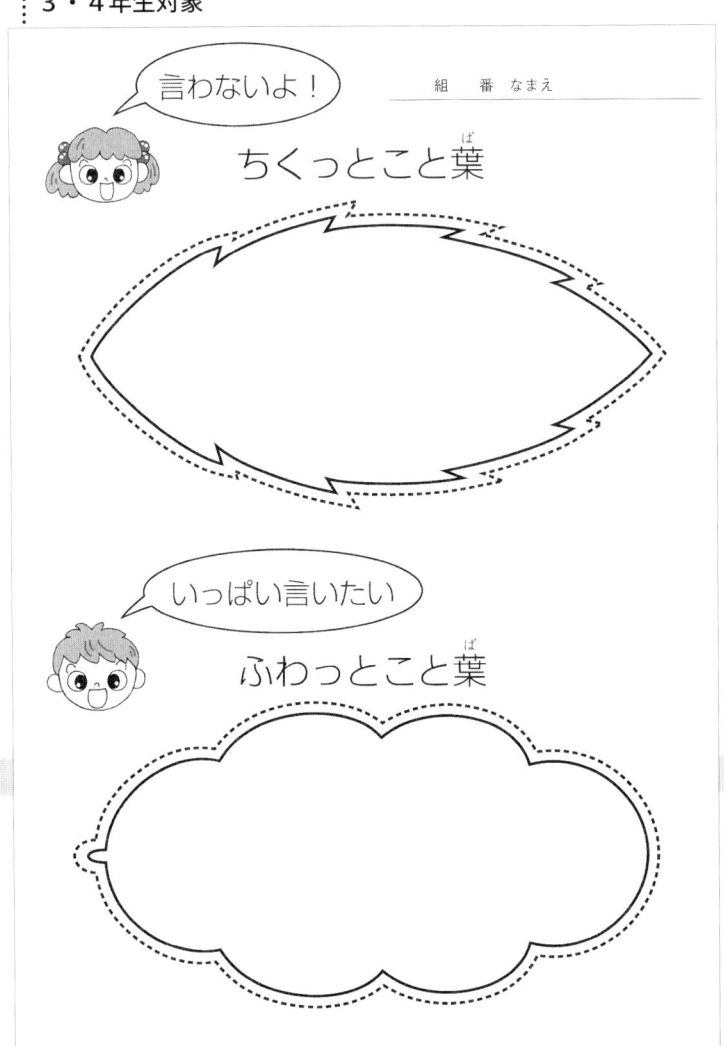

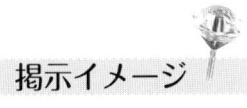

言わないよ！
ちくっとこと葉

いっぱい言いたい
ふわっとこと葉

掲示イメージ

ふわっとこと葉の木

2> プリント例 「言い方のとくちょうをとらえよう！」

アグレッシブな表現の例として，相手の気持ちを配慮せず断定的に自分の主張をしたり，えらそうな物言いをしたりといった「感じの悪い言い方」を取り上げます。同じ内容を伝えるにしても，相手に「いい感じ」ととらえてもらえるアサーティブな言い方にするにはどうしたらよいかを考えます。

3年生以上対象

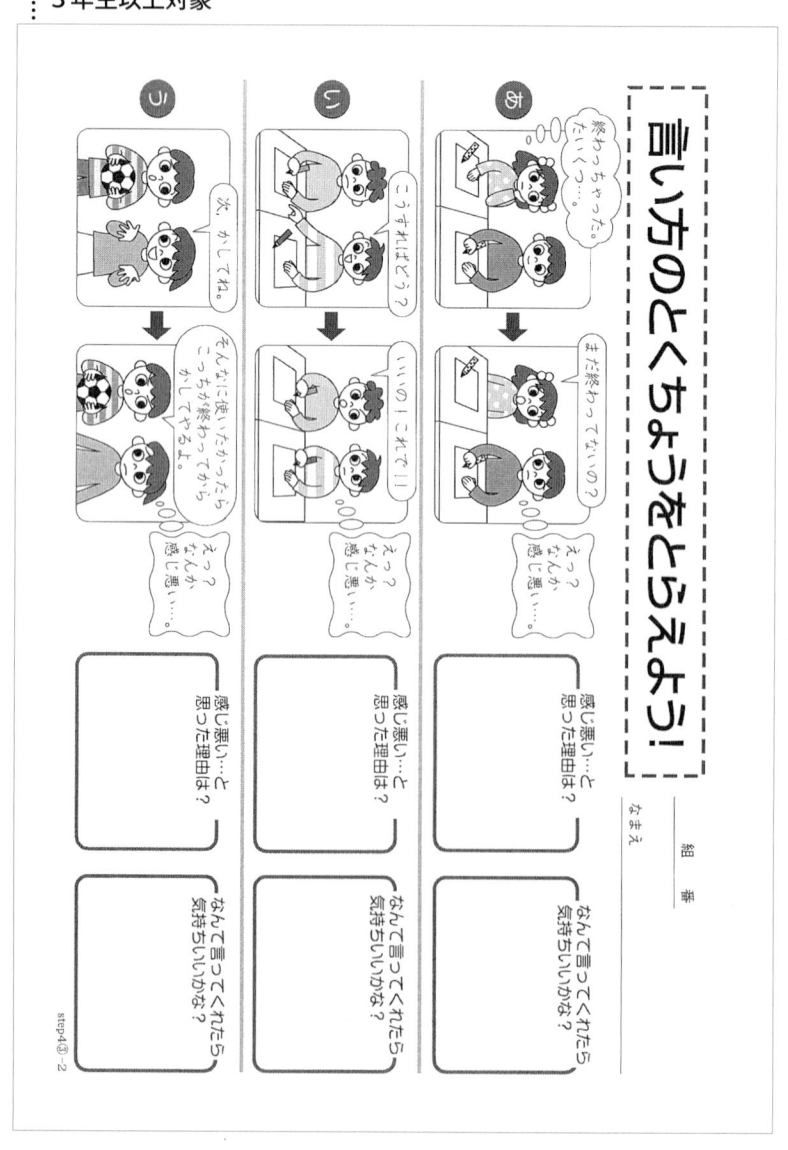

4. 気持ち認知スキル

気持ちをうまく言葉にできなくて
言いたいことをガマンしている子
気持ちをうまく切り替えられないで
どんどん落ち込んでしまう子

自分の気持ちが自分でわかること，
自分の気持ちを伝える言葉をもつことが
上手にできない子どもたち…

無表情な子
どんな気持ち？って言われてもわからない…
気持ちに合った表情って？

口をつぐんでいる子
どういうふうに気持ちを伝えたらいいの？
…落ち込んじゃった…。
気持ちを考えろって言われても…。

どうすれば自分の気持ちを
自分で知ることができるのでしょうか
それが，自分のため，
相手とのコミュニケーションのために
どれほど必要かについて
いっしょに考えてみましょう

*気持ち認知スキルは『ソーシャルスキルワーク』の ▨▨ の単元で取り上げています。

	❶	❷	❸	❹	❺	❻	❼	❽
ステップ1				表情が伝える気持ち	気持ちについて			
ステップ2				表情が伝える気持ち	気持ちについて			
ステップ3				気持ちをかえる	気持ちをかえる			
ステップ4				気持ちをかえる	気持ちをかえる			
ステップ5				気持ちについて				
ステップ6				気持ちについて				

➜詳しくは P46・47 の単元構成表を参照してください。

「気持ち」について考えてみよう
～自分の気持ちと相手の気持ちについて

（1）自分の「気持ちを知る」

子どもは成長とともにさまざまな感情を体験し，感情を分化させていきます。

人間の感情の発達について，ブリッジェスは，新生児期には刺激に対して単に未分化な興奮を示すにすぎないが，まず快と不快が分化，その後2歳までに11種類の情緒が分化し，5歳までには大人がもつのと同じ17種類の情緒がすべてそろうとする「情緒分化発達説」を提唱しました。

一方，スルウフは，生後間もない乳児にも「快・恐れ・怒り」という基本的な情緒があり，それ以後周りの情報を自分の中に取り入れて一つひとつの情緒を意味づけし，複雑な情緒が分化・発達していくと指摘しています。その例を挙げると，「快－歓喜系」の情緒では喜び（生後4か月），意気揚々（12か月），自尊心・愛（36か月）などが発生し，「用心深さ－恐怖系」では用心深さ（4か月），恐怖（9か月），不安（12か月），羞恥（18か月）など，「激怒－怒り系」では怒り（7か月），かんしゃく（12か月），挑戦（18か月），罪悪感（36か月）などの情緒が発生すると報告されています（月齢は，研究報告において反応が一般的に認められた時期を示します。また，紹介した情緒は報告の一部です）。

では，幼い子どもは，どのようにしてこのような感情（気持ち）を表す言葉を理解していくのでしょうか？

子どもは，うれしいことがあって喜んでいるときに，「うれしいね，よかったね」と大人から声をかけられることで，こんなときのこんな気持ちは「うれしい」という言葉で表現するということを理解していきます。子どもの身体にわきおこっている"感じている気持ち"と，大人から言われた"気持ちを表す言葉"が合致し，気持ちを他

気持ち
ここでは認知行動理論に基づいて考え，「気持ち」とはおもに感情のことを指すこととする。

情緒
ここでは，ある出来事が起こったとき，それに対して，「心の中にわきおこる感情」「体にあらわれる変化」「顔にあらわれる表情」などをまとめて情緒とする。

者と共有できるようになるのです。このように自分の気持ちを言葉に変換することで，感じている気持ちを自分で把握するという体験を重ねていきます。

　感情が分化・発達するにつれて，「怒り」の中にも，「悲しみ」があったり，「悔しさ」があったり，「嫉妬」があったりというように，自分の中に渦巻く気持ちの流れが複雑になっていきます。このように複雑な感情を抱き始める時期（幼児期）に，「どう感じ，何を言いたいのか，何を求めているのか，何をしたいのか」など自分の気持ちを汲み取り，言語化・意識化しながら傾聴してくれる人が周りにいると，子どもは気持ちが整理でき，気持ちのメタ認知が広がります。

　気持ちを表現する言葉をたくさん知っていることは，自分や相手の気持ちを理解するのに役立ちます。子どもは絵本や物語の本，テレビなどから気持ちを表す言葉を獲得するという側面もあります。クラスで子どもたちに気持ちを表す言葉を挙げてもらう活動をするのもよいでしょう（P103参照）。

　こうして自分の気持ちが理解できるようになってから，他者の気持ちを想像することができるようになります。

気持ちのメタ認知
気持ちのメタ認知には，「自分は今どういう気持ちでいるのか」という認知，「自分は○○のときこういう気持ちになりがちだ」という自分のパターン・傾向性についての認知，「こういう気持ちになったときは○○しよう」というコントロールが働く認知がある。

（2）気持ちに合った表情

「気持ち」は表情にあらわれます。表情にあらわれている気持ちを推し量り，表情から読み取れることを把握する能力を「表情認知」といいます。

　一般的に，人は生まれてすぐに目・鼻・口などの部位をひとまとめに「顔」として認知でき，表情を読み取り接近しようとするという実験結果が出されています。しかし，顔を顔として認識できず，目や口や鼻などのパーツごとに見える人もいて，こういうタイプの人は表情認知が困難になります。

　表情認知によって，次のような言語を介さないコミュニケーションができるようになります。
- ●相手の表情から気持ちを推し量る（他者から自分へ）
- ●自分の気持ちに合った表情で伝える（自分から他者へ）

　人の表情に注目し，その変化に気づくようになるきっかけとして，写真や絵などを示し，その人がどんな気持ちでいるのか，どういうときにそんな顔になるのかを考えさせ，表情から気持ちを理解することに慣れさせていくのも一つの方法です。先生が表情をつくって子どもに見せ，表情を読み取らせてもよいでしょう。

　表情は，気持ちという情報の伝達の場面で大きな役割を果たしますが，自分がある表情をしているつもりでも，異なる表情になってしまうこともあります。そのような場合には，鏡を見ていろいろな表情をつくってみることで，表情と気持ちが一致しているかなど，自分の表情について気づくきっかけになります。鏡を見ながら表情づくりの練習をしてみてもよいでしょう。

　また，同じ「喜び」の気持ちでも，「大きい喜び」「小さい喜び」など，その気持ちの大きさには違いがあります。小さい喜びの表情・大きい喜びの表情などをイラストなどで示して気持ちの度合いを確認することで，気持ちの大きさの違いを判断する手がかりとなります。

> 気持ちの度合い
> ➡P106 参考資料「気持ちメーター1・2・3」参照。

（3）相手の「気持ちを知る」

「気持ちを知る」というと，相手の気持ちを考えることが中心になると思われがちですが，自分の気持ちのメタ認知ができていなければ，相手の気持ちを推し量ることはできません。相手の気持ちを知る，あるいは相手の気持ちを考えるためには，前述したように，自分の中に気持ちを表現する言葉があることが大前提となります。
「人の気持ちを理解しよう」とか「相手の気持ちを考えて…」などとよくいわれますが，気持ちには形がありませんし，見ることも触ることもできません。では，どのようにして理解すればよいのでしょうか？

　人の気持ちとは言葉にあらわされたものばかりではありませんし，言葉にした気持ちとは裏腹な気持ちを抱いていることもよくあることです。そこで相手の気持ちを知るためには，「気持ちを推し量る，想像していくスキル」が必要になります。

　それには① 姿勢や動き ② 顔全体の表情 ③ 目の表情・視線・アイコンタクト ④ 沈黙 ⑤ 話し方（声の強弱・抑揚・トーン・速さなど）⑥ 間の取り方 ⑦ 距離と空間 など，非言語のコミュニケーション手段が大きな手がかりとなります。「表情が変化しなかったか」「視線はどこを向いているか」「声のトーンはどうか」「態度はどうか（うなずいているか，首をひねっているか，腕組みをしているか）」などによって相手の気持ちを推し量ります。

> 非言語コミュニケーション
> ➔ P147 参照

　ところが今，自分の気持ちは押しつけるけれど，相手の気持ちを推し量ろうとしない子どもが増えているといわれています。これは，幼児期から同年齢間や異年齢間で交流することが少なくなっていて，衝突やトラブル等を経験しながら，このようなときは自分はこんな気持ちになるとか，自分もこうだから相手も今こんな気持ちだろうと想像する実体験が少なくなっていることが原因の一つとして考えられます。経験がないから相手の気持ちに思いが及ばないのです。

　このような状況にある子どもたちのためには，ふだんの会話の中で，機会あるごとに「自分だったらどんな気持ちになるか」と置き換えて考える習慣をつけたり，「なぜ相手はそのような行動をとったのか，そのようなことを言ったのか」想像力を働かせて相手の気持ちを推し量ったりするよう働きかける必要があります。そのとき，自分の経験や読んだこと，聞いたこと，映像で見たことなどを動員

して想像させるようにします。そして，自分はどのような行動をとればよいのかを話し合う機会をつくるようにするとよいでしょう。

〈相手の気持ちを考えさせるための働きかけ〉
① **相手の気持ちを自分の気持ちに置き換えて考えさせる**
・あなたならどんな気持ち？
・あなたなら友達にどうしてほしい？
② **想像力を働かせて，相手の気持ちを推し量る**
・どうして○○ちゃんは……と言ったのかな？
③ **相手に対して自分はどのような行動をとればよいか考える**

わたしだったら，こうしてほしい。

○○ちゃんは，どんな気持ちかな？
そんなとき，どうしてあげるといいのかな？

気持ちは自分で変えられることを知ろう
～認知行動療法を活用して

（1）認知ー気持ちー行動　三者の関係

　同じ体験をしていても，それをどう受け取りどう考えるか（認知のしかた）で，気持ちは違ってきます。同じように，行動はそのときの気持ちによって左右されます。前向きの気持ちであれば，前向きの行動を行いますし，前向きになれない気持ちであれば，前向きの行動をとるのは難しいでしょう。

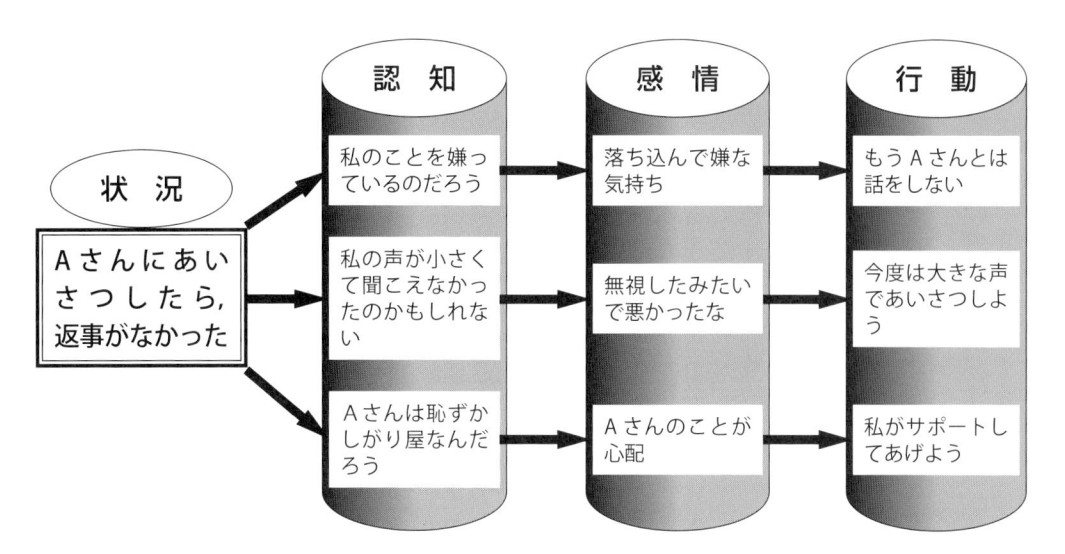

```
状況: Aさんにあいさつしたら、返事がなかった

認知:
- 私のことを嫌っているのだろう
- 私の声が小さくて聞こえなかったのかもしれない
- Aさんは恥ずかしがり屋なんだろう

感情:
- 落ち込んで嫌な気持ち
- 無視したみたいで悪かったな
- Aさんのことが心配

行動:
- もうAさんとは話をしない
- 今度は大きな声であいさつしよう
- 私がサポートしてあげよう
```

　たとえば、上の図のように「友達のAさんにあいさつしたら返事がなかった」という状況があるとします。そのとき、「Aさんは自分のことを嫌っている、自分を避けているみたいだ」と認知（思考・イメージ）すると、落ち込んで嫌な気持ち（感情）がして、もう話をしないようにしよう（行動）というパターンになります。

　しかし、とらえ方を変えて「Aさんは内気で恥ずかしがり屋だから照れてしまったんだろう」と認知（思考・イメージ）すると、Aさんのことを心配する気持ち（感情）になり、サポートしてあげようという行動に変わります。また「あいさつの声が小さかったのかも…」など、自分にも非があったかもしれないと考えると、次はこうしようと新たな考えが浮かびます。

　気持ちのメタ認知によって自分の思考パターンを理解すると、たとえば認知がマイナス思考となっていてもそれに気づき、マイナスの気持ちへとつながるのを止めることができますし、マイナスの気持ちが生じたときにその気持ちをプラスに変えることができれば、マイナスの気持ちからつながっていく行動を変えることができます。つまり、感情・行動がよくない方向へと連鎖する「ダメの悪循環」から抜け出すことができるのです。

（2）認知行動療法

　以上のような「同じ状況にあっても、自分の周りで起きる出来事に対してどう考え、どう受けとめるか（認知）によって、生じる気持ちやその後の行動が変わってくる」という考え方は、「認知行動

> 認知行動療法
> ➡概説についてはP107「認知行動療法とは」参照。

療法」の理論の基礎となっています。

　認知行動療法とは、アメリカで考案された新しい精神療法（カウンセリング）で、おもに次の二つの柱、

- 認知療法……否定的な認知（マイナス思考）から、より現実的なバランスのよい考え方（適応的思考）に変えていく方法
- 行動療法……新たな行動パターンをとることで、問題解決能力を高めていく方法

から成り立っています。

　つまり、認知を変えることによって感情・行動を変えるだけでなく、行動に働きかけることによって認知・感情に変化をもたらすという側面ももっている療法です。

　認知について理解するためのキーワードに、「自動思考」と「スキーマ」があります。自動思考は、さまざまな出来事に出合ったときに自分でも気づかないうちに勝手に浮かんでくる思考やイメージで、スキーマは自動思考のもとになっている固定化した考えや無意識的な心のしくみと考えればわかりやすいでしょう。スキーマは幼い頃からの成長過程を通して形成され、固定化してしまっている信念のようなものです。スキーマが不合理で否定的なものであれば、自動思考も自己を否定したり悪い方向ばかりに考えるものとなります。

　たとえば、「私に好意をもってくれる人はいない」というスキーマをもっている子が、P99 の例のように「A さんにあいさつしたら、返事がなかった」という出来事に出合った場合、「A さんも私が嫌いだからあいさつしてくれなかったんだ」「私の友達になってくれる人なんているわけがない」という考え（自動思考）が次々に浮かんできます。

　認知行動療法では、否定的な自動思考に気づき、認知の誤りや歪みを意識してそれをかえていくことで、心理的な問題などさまざまな問題の改善をめざします。「療法」とついているので、カウンセリングの必要がない人には関係はないように感じられるかもしれませんが、その理論は一般の小学生にも活用できるものです。

　認知行動療法の理論を活用して、まず認知と感情と行動はつながっていることに気づかせ、そして自分の自動思考を見つめ、考え方のクセを知り、別の考え方をしてみて、ものごとの前向きな受けとめ方ができるような機会を小学生段階から設けていくことが大切です。

認知行動療法の子どもたちへの適用

認知行動療法は成人用に開発された療法だが、近年では、心理的な問題をもつ子どもやいじめ・万引き・授業中の離席などの問題行動をとる子どもたちにも適用されている。そこでは、問題となっている出来事について、子どもがその意味をどのように解釈し、その原因をどのように考えるのかという認知的側面を重視し、それとの関連で感情と行動の変化を促すことを目的としている。

自動思考をかえる
➡具体的な方法については P122 で触れている。

ソーシャルスキルワークでは、

気持ちの認知のために，見えない気持ちを言葉に変換し，自身の気持ちを視覚化していきます。『ソーシャルスキルワーク』は，気持ちの流れについてわかりやすく学べ，受け取り方の違いからまったく違う気持ちが生じること，気持ちの切り替え方や前向きの考え方が大切であることが実感できる内容となっています。

ソーシャルスキルワーク ステップ3-④

- いろいろな場面で生じる気持ちを言葉で表現します。
- ワークの言葉のような気持ちになった経験を発表しあうと，より気持ちの認知が深まります。

ソーシャルスキルワーク ステップ2-④

- 表情に注目し，表情から相手の気持ちを考えることに慣れていくためのワークです。
- イラストの顔まねをして鏡で確認しながら，表情をつくる練習をしてもよいでしょう。

ソーシャルスキルワーク ステップ3-⑤

- 同じ出来事でも受け取り方によって感じる気持ちがまったく異なってしまうことに気づかせるためのワークです。
- 受け取り方を変えれば、自分の気持ちを変えられることの理解につなげていきます。

ソーシャルスキルワーク ステップ4-⑤

- 気持ちを切り替えるいろいろな考え方を発表しあい、各自の気持ちの切り替え方のバリエーションを増やしていきます。
- ちょっとマイナスな気持ちになってしまったとき、「でも」という言葉を使うと、いつもと違う考え方ができることを学びます。

→ステップ5・6でも、気持ちのコントロールにつながる方法として、「気持ち認知スキル」を取り上げています。

クラスでの取り組み

気持ちのメタ認知のために、次のような活動をしてみましょう。

① 気持ちを表す言葉を集め、どんなときにそんな気持ちになったのか発表しあう。

→P101のソーシャルスキルワーク（上）やP105参考資料のプリント「あつまれ！気もち」が活用できます

このとき、感情には前向きになれる肯定的（プラスの）感情と、前向きになれない否定的（マイナスの）感情とがあることに着目させる方法もあります。たとえば、何かよいことがあってワクワクしたときや自分自身の中に満足できるものがあるときは肯定的な感情になり、何か嫌なことがあってイライラしているときや自分自身の中に満足できないものがあるときは、どちらかといえば否定的な感情になるといえます。子どもたちが挙げた気持ちを表す言葉を次の例のように二つに分類してみてもよいでしょう。

```
前向きになれる感情
・うれしい   ・ほがらかな  ・明るい     ・さわやかな   ・すっきりした
・楽しい     ・おもしろい  ・愉快な     ・元気な       ・ほっとした
・おだやかな ・おおらかな  ・誇らしい   ・なつかしい   ・素直な
・ひたむきな ・落ち着いた  ・安心した   ・わくわくした  など
```

```
前向きになれない感情
・悲しい     ・苦しい      ・つらい     ・さみしい     ・心細い
・不愉快な   ・つまらない  ・むなしい   ・不安な       ・心配な
・悔しい     ・後ろめたい  ・がっかりした ・残念な      ・不満な
・弱気な     ・恥ずかしい  ・うらやましい ・不機嫌な    ・怒った
・あきれた   ・いらいらした   など
```

② クラスで起こったさまざまな出来事について、こんなとらえ方もできる、とらえ方で気持ちやそのあとの言動が違ってくるという例を先生が示したり、子どもたちが意見を出しあう機会を設けたりして、受け取り方のバリエーションを増やすようにする。

（例）・子どもたちの言動が原因で友達とトラブルになったとき
　　　・行事や係活動、班活動などでよい結果が出なかったとき　など

③ セルフコントロールの学習とつなげて、気分転換がなぜ大事なのかをクラスで話し合い、気分転換の方法を発表しあう。

こんな子どもには…

人の気持ちが読めない子

Q：相手の表情の変化やしぐさを読み取ることができず，思ったことをそのまま相手に伝えてしまう子がいます。

A：　相手の気持ちを考えずに，たとえば太っている子に「デブだね」と言ってしまうような子は，「本当のことを言って何が悪いのだろう」と本気で思っています。言われた相手が傷つくということや，怒る理由がわからないのです。こうした子の言動はトラブルにつながることが多いのですが，未然に防ぐことは難しいため，場面をとらえていっしょに振り返りをします。言葉で説明しただけでは理解が難しい場合には，右図のような簡単な漫画などを使って，そのとき自分は何を言ったか，言われた相手はどう思ったかを振り返るなど，なるべくわかりやすい方法で行います。

　また思ったことをそのまま相手に伝えて，嫌がったり怒ったりしている相手の表情を読み取ることができずに，さらに火に油を注ぐようなことを言ってしまう子もいます。こうした場合には，いろいろな表情を示した写真や絵を使って，その人がどんな気持ちでいるのかを考えたり，目や鼻が何も書いていない顔に，指示された気持ちの表情をかいたりする練習をするのが効果的です。

自分の感情を出せない子

Q：不登校気味の子どもがいます。学校に来たときは元気に過ごしているのですが，学校生活がつらいという理由で欠席をくり返します。後日ゆっくり話をすると「あのとき，つらかったの…」などと話してくれるので，「つらいときはつらいって言ってね」と伝えているのですが，なかなかそのときに訴えることができません。

A：　こうした子は，自分の感情をため込むだけため込んでしまい，心が飽和状態になってしまったところで初めて自分を表現します。この子の場合は，それが不登校というかたちであらわれています。「つらいときは言ってね」と声かけをしているようですが，自分の気持ちを具体的に伝える方法をもちあわせていない場合には効果がありません。

　たとえば放課後などに「今日一日でいちばん嫌だったこと」を先生に伝える時間をつくります。これもただ「話して」ではなく，「いつ・誰が（と）・どのように・どうした」というように話の流れを具体的に示して，話してもらうようにします。話をするのが苦手なようでしたら，同様な方法で短い文章にしてもらうのもよいかと思います。いずれにせよ，自分の感情を表出する機会を提供して，具体的な方法を示してあげることが重要です。

　また，感情をなかなか言語化できないときは，先生のほうから「それはつらかったね」とか，「そのとき悲しかったのね」など，感情を汲み取る声かけをするとよいでしょう。

参考資料

1＞プリント例「あつまれ！気もち」

気持ちを表す言葉を増やす活動に利用できるプリントです。知っている言葉は○で囲み，知らない言葉についてはどんな気持ちかを確認します。どのようなときにその言葉のような気持ちになったのかも発表しあうと，より理解が深まります。

1・2年生対象

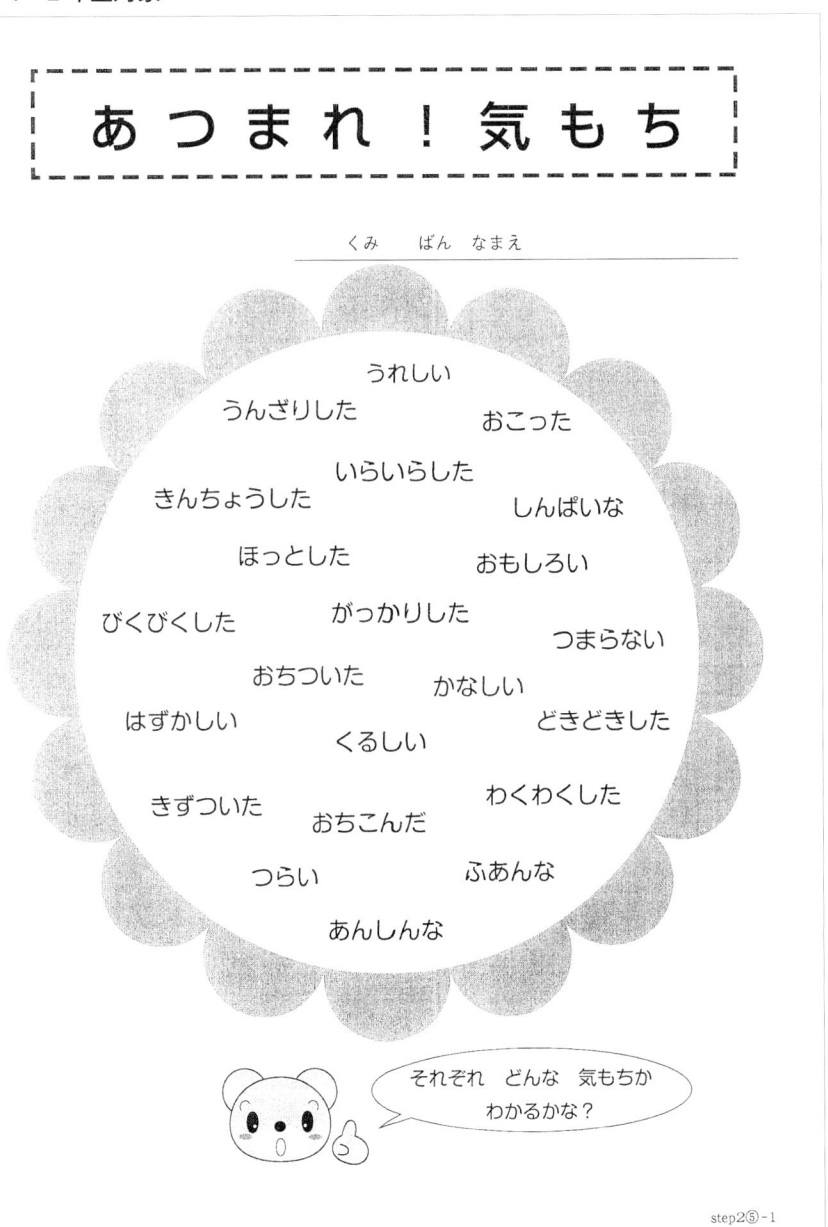

あつまれ！気もち

くみ　ばん　なまえ

- うれしい
- うんざりした
- おこった
- いらいらした
- きんちょうした
- しんぱいな
- ほっとした
- おもしろい
- びくびくした
- がっかりした
- つまらない
- おちついた
- かなしい
- はずかしい
- どきどきした
- くるしい
- きずついた
- わくわくした
- おちこんだ
- つらい
- ふあんな
- あんしんな

それぞれ どんな 気もちか わかるかな？

step2⑤-1

2> プリント例「気持ちメーター1・2・3」

　気持ちを視覚化することは，子どもたちが気持ちを整理していく上で大いに役立ちます。たとえば，探していたプレミアムカードが見つかった場面を考え『うれしい気持ち度チェック』をしたり，大切な物が壊れてしまった場面を考えて『悲しい気持ち度チェック』をするなど，いろいろな場面での気持ちの大きさについて確認していきましょう。また，クラスで発表しあうことで，人によって気持ちの大きさが違うことを知る機会にもなります。

5・6年生対象

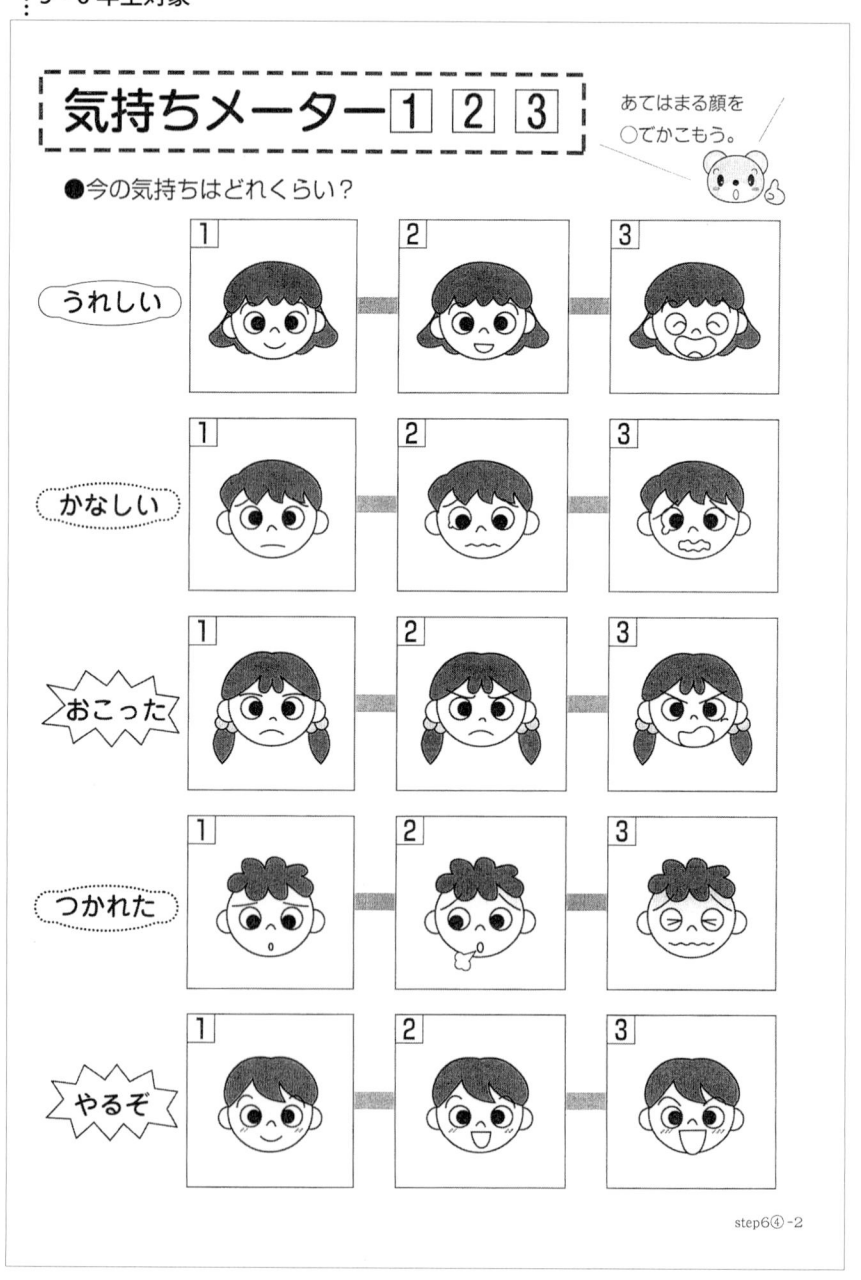

気持ちメーター 1 2 3

あてはまる顔を○でかこもう。

●今の気持ちはどれくらい？

- うれしい
- かなしい
- おこった
- つかれた
- やるぞ

step6④-2

認知行動療法とは

星槎大学准教授　西永 堅

　認知行動療法とは，認知療法と行動療法を合わせたセラピー（療法）だと考えることができますので，それぞれの療法の研究の流れからみてみたいと思います。

行動療法

　行動療法とは，1950年代末から1960年代初頭にあらわれてきた考え方です。従来の心理療法が長年の臨床経験から理論化されていたのに対して，行動療法は実験室で動物を対象とした実験などにて確認された学習理論などの基礎心理学を基礎として行動を変容させることを目的としています。したがって，行動療法における理論もエビデンス（科学的根拠）に基づいていますし，行動療法における結果もエビデンスに基づいて評価されていくことが特徴として考えられます。

　具体的には，吃音や不安症，強迫症状，不登校や暴力・いじめ等の問題行動など社会的に不適応な行動は，不適切な学習によって維持されていると考えています。したがって，不適切な学習が原因であるならば，その学習を継続させないことによって，問題行動の減少をはかったり，その問題行動の代わりになる，新しい社会的に妥当性をもつ行動を学習させたりしようとします。そのような見方をすることによって，過度に対象となる子どもや大人の内面を解釈する必要がなく，無意識といったエビデンスを求めるのにとても難しい概念をもち出さなくてすむという利点があるからです。

行動療法の技法

　行動療法の技法は，レスポンデント条件づけとオペラント条件づけの二つに大別できます。

　レスポンデント行動とは，誘発刺激に対して引き起こされる行動（反応）のことを指します。その誘発刺激には，たとえば，口の中にものを入れると唾液が出てくるなど生得性が高いものもありますが，うめぼしを見ると唾液がたまってくるなど学習性の高い誘発刺激もあります。その学習原理（レスポンデント条件づけ）を応用して臨床に生かす方法をレスポンデント的方法といいます。

ウォルピの系統的脱感作法は，レスポンデント的方法の代表ともいえ，おもに不安・恐怖の治療法に用いられます。不安を誘発する刺激をいくつか同定し，それらを不安の強い順番に並べ替えます（スモールステップである不安階層表）。そして，不安の少ない状況からイメージをして，筋肉弛緩法を用いたリラックス法を学習していき，最終的にはいちばん不安の強い状況でもリラックスすることを学習する方法です。つまり，不安になる弱い心を鍛えるという発想ではなく，不安な状態を少しずつ減らす方法を学習していくことをめざします。この系統的脱感作法は，現在ではソーシャルスキルトレーニングにおいても一部取り入れられている考えですし，ベースになっているスモールステップの考え方も，今では行動療法の特徴の一つとなっています（山上,2007）。

　一方，オペラント行動とは，誘発刺激がなくても自発する行動と考えることができ，先行刺激よりも後続刺激によって，その自発行動の発生頻度が変容する行動のことをいいます。人間の行動（食べる，歩く，持つなど）は，反射行動を除けば，ほとんどオペラント行動であり，必ずなんらかの後続刺激が随伴されることによって強化されています。「強化」とは，行動が増えることを意味します。たとえば，電気をつけるという行動の場合，暗いから電気をつけるとよく説明されがちですが，オペラント的方法においては，電気をつけると明るくなるから，電気をつける行動が強化されると考えます。なぜならば，いくら暗くても，停電のときや，電球が切れていたら，電気をつける行動はしません。電気をつけるという行動は，明るくなるという後続刺激が随伴されるから強化されるのです。

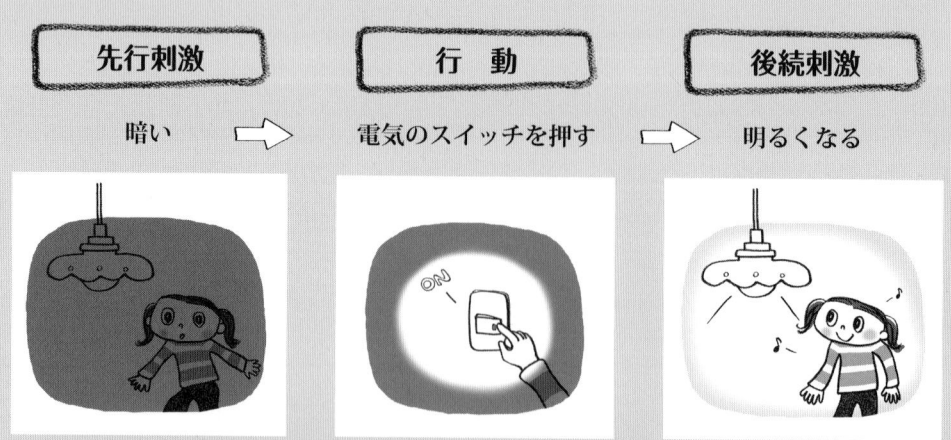

先行刺激	行　動	後続刺激
暗い	電気のスイッチを押す	明るくなる

電気をつける行動が強化されるパラダイム

　このように考えると，ある子どもが電気をつけたり消したりして遊んでいる場合，この子どもはいたずら好きだと考え，行動の原因を子どもの性格や心に求めるよりも，電気をつけようとしても，明るくなったり暗くなったりする反応がなければ，自然にその子どもはその電気をつけたり消したりして遊ばなくなります。それを「消去」と呼びます。

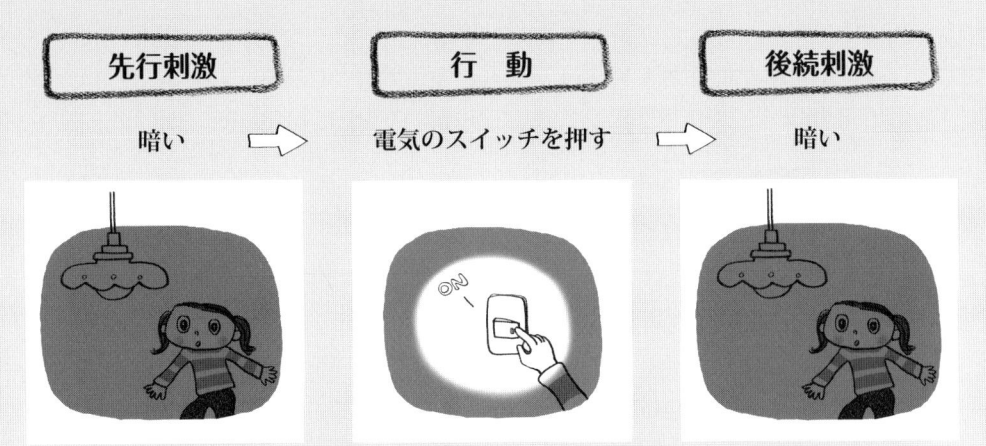

先行刺激	行動	後続刺激
暗い	電気のスイッチを押す	暗い

ある電気のスイッチを押す行動が消去されるパラダイム

　このようにオペラント的方法においては，後続刺激を重要視するため，ある問題行動を減少させようとするときに，その行動がどのような後続刺激（ファンクション：機能）によって維持されているかを分析します。そして，その問題行動よりも社会的妥当性が高く，同じ機能を果たす代替行動を強化することができれば，問題行動を叱責して減らすよりも効果的であると考えています。この方法を機能分析と呼びます。

認知療法

　ベックにより始められた認知療法では，認知の歪みが抑うつ状態のように不適切な感情や行動をもたらすと考えました。認知の歪みは，自動思考とスキーマの二つのレベルにあらわれます。自動思考とは，瞬間的にわくイメージや考え方のことを指し，無意識にて行われる場合もありますし，意識を向けることも可能なレベルです。一方，スキーマとは，自己，世界（過去・現在），未来の認知の三側面の中核的な信念であり，発達過程において形成されてきたものと考えます。このスキーマが不合理的であると，自動思考において不適切な感情や行動をもたらすと考えられます。また，認知プロセスを通した主観的体験と情緒体験は密接に関係していると考えました。そして，治療者とクライエントはいっしょに認知のあり方を考えていくというスタンスでした。

　また，論理情動療法を始めたエリスは，行動分析学のABC分析とは異なる，ABC理論を提唱しました。AはActive Event（出来事），BはBelief（信念），CはConsequence（結果）であり，出来事が信念・認知のプロセスを経て行動や感情などの結果につながると考え，その信念が不合理的であると不適切な行動や感情につながると考えました。したがって，セラピーにおいては，不合理な信念を見つけ出していき，それに代わる合理的な信念を勧めていき，行動全体の変容をめざしています。

　これらのように，認知療法は，人間の行動・感情は認知プロセスの結果によるもので

あるため，その認知プロセスに直接介入をしていこうとする考え方であるということができると思います。

認知行動療法

行動療法の立場であったバンデューラは社会的学習理論を提唱し，モデリングと呼ばれる観察学習などを通して，他者の強化を観察することによっても学習が成立することを述べ，認知機能の重要性を指摘し，認知行動療法につながっていったと考えられています。

また，同じく行動療法の立場であったマイケンバウムは，自己教示訓練法を提唱し，言葉による思考などを積極的に利用した行動療法を行い，1977年に『認知行動療法（Cognitive-behavior modification）』という本を出版しました。

一方，認知療法の立場も，行動論的アプローチを取り入れていくようになり，両方の立場が折衷されていく中で認知行動療法と呼ばれるようになっていきました。

これらをまとめると，認知行動療法の特徴は，行動の背景にあると考えられる認知機能に着目しながら，学習理論を中心とする行動療法の技法を用いて，不適応な行動を減少し，適切な行動を増やしていこうとするものであるということができます。また，感情も認知の結果としてあらわれるものであると考えるのも認知行動療法の特徴です。そして，セルフモニター，セルフコントロールのようにクライエント自身が行動の変容にかかわっていくことも特徴の一つでしょう。

> **用語解説**
> **学習**：経験を通じて知識や態度，行動傾向，認知様式などを新しく習得すること。
> **認知の歪み**：出来事の認識や解釈のしかたが歪んでいること。たとえば，さまざまな出来事があっても，肯定的な出来事は無視したり気づかなかったりして否定的出来事にばかり注目する，否定的な側面を拡大してとらえてしまう，失敗や悪いことばかり起きると予測してしまう，否定的な出来事が起こったのを自分の責任だと考えてしまうなど，いろいろなタイプがある。P122では，「考え方のクセ」として紹介している。
> **ABC分析**：行動について，先行条件（Anteceden），行動（Behavior），結果（Consequence）に分けて分析すること。
> **モデリング**：他者の適切な行動やスキルをモデルとして観察すること。

【引用】山上敏子　方法としての行動療法／金剛出版（2007）
【参考文献】中島義明他編集　心理学辞典．有斐閣（1999）／小野昌彦編集代表　行動療法を生かした支援の実際．東洋館出版社（2007）／坂野雄二・前田基成編著　セルフ・エフィカシーの臨床心理学．北大路書房（2002）／下山晴彦　子どもと若者のための認知行動療法入門．教育心理学年報47, 47-50（2008）／杉山尚子　行動分析学入門―ヒトの行動の思いがけない理由．集英社新書（2005）

5．セルフコントロールスキル／セルフマネジメントスキル

(1) セルフコントロールスキル

怒りを抑えられないで，すぐキレる子
怒りたいのに怒れないで，ガマンばかりしている子

自己肯定感がもてなくて
自分の気持ちとのつきあい方が
上手にできない子どもたち…

キレる子
むかつく！誰もわかってくれない。
自分ばっかり叱られる…。

ガマンする子
そんなこと言えるわけない。
言ったら嫌われそう……。
僕がガマンすればすむこと……。

どうすれば，自分の感情を
上手にコントロールできるのでしょうか
いっしょに考えてみましょう

＊セルフコントロールスキルは『ソーシャルスキルワーク』の ■ の単元で取り上げています。

	❶	❷	❸	❹	❺	❻	❼	❽
ステップ1						がまんのしかた		
ステップ2						がまんのしかた		
ステップ3						いろいろな感情		
ステップ4								
ステップ5								
ステップ6								

→詳しくはP46・47の単元構成表を参照してください。

怒りのメカニズムとコントロール
～怒りはなぜ生じるのか

（1）「キレる」子どもが増加した背景には

　すぐカッとなり衝動的・攻撃的・暴力的な行動をとる「キレる」子どもが年々増えているといわれ，家庭や学校でもその対応に苦慮している様子がうかがわれます。

　「キレる」とは，一般的には怒りや感情の高ぶりを理性的にコントロールできなくなった状態のことをいいます。感情のコントロールは，もともと人間関係の中で学ぶものです。子どもたちは，兄弟げんかや異年齢集団での外遊びなどを通して，ルールを守り自分勝手なことをしないガマン，お互いの気持ちの理解などを自然に身につけていました。ところが近年，少子化や核家族化が進んだことやバーチャルなTV・インターネット・ゲームなどの影響もあって，人間関係が希薄になり，そのような経験ができにくい環境になっていることが考えられます。

　また，周りの大人の対応も以前とは変わってきています。「和」や「忍耐・根性」「滅私」を尊ぶという日本人の価値観が，近年，「ガマンしない」「がんばらない」「自分を生かす」ことを是とする価値観へと転換しつつあることが保護者の養育態度にもあらわれ，ガマンすることを上手に教えられなくなっているのではないでしょうか。ゴネたりかんしゃくを起こしたりしたら要求が通った，怒りを抑えてガマンしていたらほめられたなど，子どもの感情表現に対して不適切なフィードバックが重ねられていくうちに，子どもは適切な感情表現のしかたがわからなくなってしまいます。その結果，ささいなことでも感情のコントロールがきかずにキレてしまうことになるのです。

調査結果に見られる子どもの暴力

文部科学省の「児童生徒の問題行動等生徒指導上の諸問題に関する調査」（2007年度）では，児童生徒による暴力行為の発生件数の増加が報告されている。小学生の暴力行為の発生件数は5,214件と，8年前と比較して約3.6倍である。暴力行為の低年齢化とその背景にある感情のコントロールの未熟さが問題視されている。

（２）感情のコントロールが苦手な子はこんなタイプ

　感情のコントロールが苦手な子には大きく分けて次の三つのタイプがあります。

①怒りを道具として使う子

　かんしゃくを起こしたり暴れたりすると，周囲が思いどおりになることを学んだ結果，怒りを「道具」として使うようになってしまうタイプの子です。欲求不満耐性が低いので，すぐキレてしまいます。

> 欲求不満耐性
> → P120 参照。

容量が少なく，すぐに感情があふれる

②ガマンばかりしている子

　いつも自分の欲求や感情を出すのをガマンしている子は，未整理な感情がいっぱいの状態にあります。それを続けていると，あるとき感情の抑えがきかなくなり，ちょっとのことでキレて感情があふれ，すぐ興奮したり泣いたりしてしまいます。

許容量いっぱいまでガマンして，そのあと感情があふれる

　また，親や先生が強圧的に言うことを聞かせてきた場合は，子どもが成長して力関係が逆転したときや思春期などに，それまで抑えていたものが家庭内暴力や校内暴力のようなかたちで噴き出てくることがあります。

③発達の特性のある子

　情緒や行動上の困難さがあるために，感情のコントロールが苦手な子がいます。上手に感情を言語化できない特性をもっている子は，わかってもらえなかったり誤解されたりするとパニックになることがあります。状況判断が苦手な子は，場面や友達の言動を誤解して急に怒り出してしまうこともあります。また昔のつらかったことがフラッシュバックして今のことのようにありありと思い出し，パニックになって泣き叫んだり暴れたりしてしまう子もいて，その様子がキレていると誤解されてしまうこともあります。

> パニックを起こす子
> ➡対応については P129 参照。

> フラッシュバック
> 心的外傷を受けた場合に，後々にその出来事が突然に思い出されたり，夢にあらわれたりする現象。

> 黙っていたらわからないでしょ！言いたいことがあったらはっきり言いなさい。

> …でも，うまく言えない…。

（3）怒りの裏側にあるいろいろな感情

　なぜ子どもは怒るのでしょうか？　怒っている子どもは本当に怒っているだけなのでしょうか？

　怒りの感情は，心理学的にいうと「故意に不当な扱いを受けたときに生じる感情」ととらえることができます。怒りの裏側には，いろいろな感情が意識されず整理されないまま，未分化の状態で渦巻いているのです。

　たとえば，弟にゲームで負けてカードを投げつけた子がいるとします。この子はいつも，お母さんが何かにつけて弟をかばっていると感じていました。彼の怒りの背景にはどのような感情が渦巻いているでしょうか。

- ●「ゲームに負けて悔しい」…悔しさ
- ●「お母さんはいつも弟の味方をする」…不満・さみしさ・嫉妬
- ●「（兄なのに）弟に負けてしまった」…劣等感

　このようにさまざまな感情があり，それが不適切な行動にあらわれてしまったことが考えられます。

怒り

こんなにガマンしているのに
ガマン
悲しみ
ひとりぼっち
さみしさ
あせり
あいつのせいだ
嫉妬
弟ばっかり
僕は悪くないのに
悔しさ
また叱られた
あきらめ
誰もわかってくれない
不満
どうせムリ
劣等感

（4）感情を過度に「抑え込む」のも「吐き出す」のもNG

　左記のような場面では，たいてい「そんなことで怒るんじゃありません！お兄ちゃんなのに…。謝りなさい。」と叱られます。たしかにやったことはよくないのですが，叱るだけでは怒りというかたちで表現した彼の気持ちは抑えられたままになってしまいます。

　この行き場のない感情のエネルギーが，爆発したり暴走したりしないように，コントロールすることが必要です。コントロールとは，ただ抑え込むことではありません。日本では，「がまんは美徳」と考えられてきたため，感情をセーブし顔色に出さずガマンするように求められることが多いのですが，感情を整理せずにため込むだけのガマンをするのは好ましくありません。たとえば怒りの感情をため込むと，その怒りをもち続けることになるのです。

　では，ため込むのがよくないなら吐き出しさえすればよいかというと，そうもいえません。怒りを吐き出すときにやり方を間違えると，そのときの怒りの感情がフラッシュバックする，くり返しているうちに怒りが増幅され新たな怒りを呼ぶ，怒りに隠された別の嫌な感情まで生むというようなことが起こりうるからです。

　感情を「抑え込む」「吐き出す」どちらにしても，不適切なやり方では，健康な心のためにも，良好な人間関係のためにも，そして自分自身の成長のためにも望ましくないのです。

　それでは，どうすればよいのか考えてみましょう。

（5）感情のコントロールに必要なこと

　子どもは生まれつき感情をコントロールできるわけではありません。周りの大人が子どもの感情を認めず，どなりつけたり，強圧的な対応をしたりといったことを続けていると，子どもは自分の感情にうまく向きあえなくなります。

　ここでは感情のコントロールが苦手でキレてしまう子どもへの対応を中心に，子どもが自分の感情を認知し，コントロールできるようになるにはどうかかわればよいかを考えていきましょう。

①自分の感情を理解する

　感情の爆発のあらわれ方は個々人で異なります。泣いたり叫んだり，暴言を吐いたり，周りの人あるいは物に手や足が出たり…とさまざまでしょう。感情のコントロールのしかたを子どもに教えるには，この感情が爆発している機会をとらえて行う必要がありますが，声をかけ話をするのは，その子が落ち着いたタイミングを見計らって行います。その場から離れ，一人になれる場所に移動することで感情がしずまる場合もあります。

　落ち着いてから，キレたときのことをいっしょに振り返りますが，自分がどんな感情をもっていたのか，その感情がどのくらいのレベルなのかを理解できない子もいます。このとき，すべて怒りで表現する子に対して，「すぐ怒らない！」と叱るのではなく，「そう…だったんだね。どんな気持ちだった？」「そうか，悔しかったんだね。よくがんばって怒るのをやめたね。」「さみしかったね。」など，背後にある気持ちを汲み取る言葉をかけ，共感的に今の気持ちを聞いてあげるようにします。それによって，わかってもらえた安心感を感じるとともに，「ああ，僕はさみしかったんだ…」「これはさみしいという感情なんだ」というように，いろいろな感情に気づくようになります。

　感情のレベルについては，「感情の5段階表」を活用して振り返る方法もあります。また，感情が高まったときには体にも変化が起こることに気づくと，自分の感情の度合いが理解しやすくなります。体が熱くなる・心臓がばくばくする・震える・胃が痛む・汗が出る…などの変化がなかったかに注目させます。

　自分が怒りを爆発させるときのイメージを「怒り火山」の絵にし

感情の5段階表
➡P131 参照。

怒り火山
➡P128 参照。

て表現させてみるのも一つの方法です。だんだん怒りが強くなっていくと段階的にどんな気持ちになっているか，体にはどんな変化があるかも火山の絵に書き込ませてみましょう。このように視覚化すると，自分の怒りの爆発する過程をイメージしやすくなります。

　さらに，感情だけでなく，「そうか…そのときどう思った？」「こういうとき，どうするの？」というように問いかけ，どう考え（思考）何がしたいのか・どうすればよいのか（行動）を自分で気づくことができるようにしていくとよいでしょう。

②感情をしずめる方法を身につける

　上記のようにして自分の感情を理解できるようになったら，感情が爆発しそうになったときにその気持ちをしずめる方法を教えたり，いっしょに考えたりしていきます。よく知られている方法としては，深呼吸する，10 数える，心の中で「だいじょうぶ，だいじょうぶ」などの言葉を自分にかけるなどがあります。

　「怒り火山」のイメージを活用する方法もあります。怒りのレベルに合わせてどのようにして感情をしずめればよいか，その方法を子どもといっしょに考えます。そして怒りが激しくなりそうなときには，火山のイメージを頭に描きながら感情をしずめる方法を用いて爆発を防げるようにするのです。

　その子がやりやすい方法をいっしょに考え，試していきましょう。最初は先生が，その子がキレそうになる前に「10 数えて」「"だいじょうぶ"と言ってみて」などと声をかけて助けてあげます。そして，感情を爆発させることなく対処できたり，短い時間で落ち着くことができたりしたときはそのことを評価し，自信がもてるようにします。徐々に，先生の助けがなくても自分で気持ちをしずめる方法を使えるよう導いていきます。

③自分の感情を表現する

　誰かに対して怒りを感じその感情を爆発させてしまう場合，感情を上手に相手に伝える表現方法を身につける必要があります。最初は「わたし（僕）は○○○という気持ちだったんだよ。×××と言われると嫌だから，言わないでほしいんだ。」というように，伝え方を教え，練習させます。言えたら忘れずに評価します。

　このように気持ちを言語化することをくり返すことにより，自分

の感情に気づき，「抑制」が促進されます。そして次のステップとして，自分がガマンすることもなく，相手を攻撃することもなく，相手を理解し受け入れながら自分の気持ちを主張する表現方法（アサーション）を学びます。さらに，表情やアイコンタクト，ジェスチャーなど「非言語」のコミュニケーションスキルを身につけることができれば，表現力も豊かになっていきます。（コミュニケーションスキルについては，後述します。P146～）

> アサーション
> ➔ P85 参照。

④相手や周囲の人の感情を理解する

　感情をコントロールする上では，相手や周囲の人の感情を理解することも必要になります。キレやすい子は，自分の行動が周りに及ぼす影響には気づいていなかったり，問題にしていなかったりします。自分が感情を爆発させることによって，その場の雰囲気が悪くなり，周囲の人たちが不快な思いをしていることに気づくことが行動の抑制につながります。「周りのみんなはどんな気持ちになったかな。」と，気づきを促すような問いかけをしてみるとよいでしょう。また，特定の相手に対して怒るような場合，相手の立場に立ってみて，相手が「今どんな気持ちでいるか」「自分に対して何を求めているのか」を考え，理解するように促します。相手の表情や態度にも注目させるようにします。

（6）怒りのパワーをうまく使う

　怒りをコントロールする方法を考えてきましたが，怒りは悪い感情とばかりはいえません。怒りは，理不尽さに気づいたときに闘おうとする「やる気」の源となり，また，何かをやり遂げようとする「チャレンジ精神」を生むこともあります。支配から一歩踏み出して独立した個として歩む「自立」への原動力ともなります。

　人の体は，怒りという感情に反応してアドレナリン等の神経伝達物質を分泌します。この状態で「燃えてきた。やる気がわいてきた」と高揚感・充実感を感じてがんばれる子もいます。このようなタイプの子は怒りのパワーをうまく前向きな行動につなげてあげるとよいでしょう。一方，怒りを感じると「ドキドキしてきた。どうしよう」と不安感をもつ子もいます。体の反応にも一人ひとり違いがあることを念頭に置き，特性を見極めた配慮をすることも大切です。

ガマンができるようになるには
~ガマンが上手にできる人は自己主張も上手

（1）セルフコントロール力の発達

　セルフコントロールには，自分の考えややりたいことを「自己主張」し，自己実現していく側面と，欲求や行動を自分自身で抑える「自己抑制」の側面があります。

　一般的に「自己主張」「自己抑制」共に，幼児期の3歳から4歳にかけて伸びが大きいといわれています。小学校に入学しても，1年生のときは相手の立場に立って考えることができず自己中心性が高いので，授業中に立ち歩いたり先生の話を聞けなかったりする子どももみられますが，通常は2年生くらいから集団生活にも慣れ徐々に自分勝手な行動を抑えるようになります。

　中学年の3～4年生は，ギャングエイジといわれるように，子どもどうしの結びつきが強まります。友達からの是認・否認を重視しながら，主張したり抑制したりと自分の行動をコントロールするようになります。高学年になると，中学年までは他律的傾向が強かった行動の基準が，自律的に変わってきます。自己中心的な行動傾向は減り，自分の立場と相手の立場を考え，自己の行動をコントロールしながら人間関係をつくることができるようになります。

> 自己主張・自己実現
> ➡自己主張に関係する表現については「3. 言葉・表現スキル」（P85～）参照。
> 自己実現については，「5(2)セルフマネジメントスキル」（P134～）参照。

（2）ガマンができない子が増えている

　小学校に入学したばかりの1年生のクラスでは，集団行動がとれない，授業中にじっと座っていることができずに立ち歩く，勝手に教室を出ていく，先生の話を聞かないなどの状態がみられることがあります。このような状態を「小1プロブレム」と呼び，従来は1か月程度で落ち着くといわれていましたが，これが継続して長引き，授業が成立しにくくなるといった問題が報告されています。

　自由度の高い保育園・幼稚園から，ルールや決まりの多い小学校

へと環境が変わることが一因といわれていますが，それは今に始まったことではありません。小1に限らずガマンできない子が増えているのは，環境が変わったとき，それに対応する子どもたちのセルフコントロール力が弱まってきていること，なかでも自己抑制に必要な欲求不満耐性が低くなっていることが大きな原因と考えられます。

　欲求不満耐性とは，欲求不満の状態に陥ったときもそれに耐え，状況を受けとめて対処していく能力をいいますが，この耐性は，幼児期から少しずつ欲求不満の状態を経験し，そのときの対処のしかたをモデルになる人を見て学んだり，保護者にいっしょに考えてもらったりして育っていきます。ところが，保護者が子どもの欲求をすべて満たしたり，欲求不満になりそうな状態を事前に防ぐようにして「ガマンする」ことを教えないと，子どもの欲求不満耐性は育ちにくくなります。反対に放任されて育っても，子どもはガマンすべき場面やガマンのしかたを学ぶことなく育ってしまうことになります。本節の「『キレる』子どもが増加した背景には」で述べたように，社会全体の価値観が変わってきたことが養育態度にも影響を及ぼし，欲求不満耐性の低い子どもが多くなっていると考えられます。

　くわえて，少子化や遊びのバーチャル化により集団で遊ぶ機会が減り，従来は地域や家庭での生活の中で身につけたセルフコントロール力が身につかないまま育っていることも，キレる子どもと同様にガマンのできない子が増えていることの一因と考えられます。

（3）ガマンのしかた

「ガマンして自己主張しない」とか「自己主張ばかりしてガマンしない」などのように，「自己抑制（ガマン）」と「自己主張」は対立するものとして考えられがちですが，共にセルフコントロールであり，本来矛盾するものでなく両立するものです。自己主張と自己抑制がバランスよく発達することが大切です。そのために必要なのは，日常生活の場面で「ガマンしなければならないこと」「ガマンしなくてよいこと」の線引きを明確にすることです。なんでもかんでもガマンすればよいというものではありません。NOを言うことも，自分の考えを言うことも大事な力だからです。

　たとえば教室の中でガマンしなければならないこととしては，授

業時間には立ち歩かない，先生の話や友達の発言を静かに聞く，整列するときはおしゃべりせずまっすぐ並ぶ，など最低限の守らなければならないルールがあるでしょう。このような項目は，必ず守るべきクラスのルールとして子どもたちと約束します。そして，ガマンできているときには，すぐにそれをフィードバックして認めていきましょう。ガマンできた達成感を味わわせることが大切です。

　また，「みんながおしゃべりをガマンして先生の話をよく聞いたら，授業が楽しく進んで勉強がよくわかった」など，ルールを守る（ガマンする）と，自分や周りの人にメリットがあること，ルールはみんなが気持ちよく集団生活をおくるために必要なものであることを理解できるようにしていくことも大切です。

（4）ガマンが苦手な子どもへのかかわり方

　ガマンすることが困難な子には，次のようにスモールステップで少しずつガマンができる経験が積めるよう工夫します。

1. ガマンしなければならない場面を決め，まず，本人ががんばってできるレベルより少し下のレベルに目標を設定する。

> （例）授業中すぐ立ち歩いてしまうが，がんばれば30分間くらいは座っていられる子どもの場合⇒自分の席に20分間座っていることを目標にする。

2. ルールに従っているときには，間をおかず，頻繁にプラスの評価をフィードバックする。

> （例）・5分経過　　——　「おっ！いい姿勢で聞いてるね」
> 　　　・10分経過　——　笑顔でピースサインを送る
> 　　　・15分経過　——　「調子いいね。達成しそうだね!!」
> 　　　・20分経過　——　「達成!!楽勝だったかな？今度は25分にチャレンジだね」

3. 視覚化したカードなどで，明確・簡潔・具体的に本人に評価を伝える。
4. 目標のレベルを少しずつ上げ，できた経験をくり返せるようにする。

スモールステップ
➔ P136 参照。

評価のフィードバック
「あっ，また悪い姿勢になっている。それじゃ20分もたないね。」などとできないところに着目して悪い結果の予測イメージを与えることは避ける。マイナスの評価はプラスの評価の後に行い，回数もプラスの評価の三分の一以下にする。

考えや気持ちをコントロールする
～考え方のクセを変える

> 自動思考
> ➔ P100，P109 参照。

（1）自動思考をかえるには

①考え方にはクセがある

「なくて七癖」といわれるように，人は誰でもしぐさや言い方にクセをもっています。同様に考え方にもクセがあります。考えようとしなくても自然に浮かんでくる考え……それが自動思考です。いくつかの出来事や場面を想定して自分がどう考えるか想像してみてください。考え方に，ある傾向いわゆるクセがあることに気づくと思います。

自動思考にはいくつかのパターンがあります。非合理な考え方のクセ（認知の歪み）があると，否定的な自動思考がどんどん出てきてしまいます。下に紹介したのは，代表的な「認知の歪み」のパターンです。

問題を引き起こしている自分の考え方のパターンや「クセ」に気づきセルフモニタリングすることによって，自分の思考パターン・行動パターンを変化させることができます。

結論の飛躍	根拠もないのに悲観的な結論を出してしまう。
過度の一般化	少しよくないところがあるだけで「すべてが○○だ」「いつも××だ」と思い込んでしまう。
白黒思考	「白か黒か」「0か100か」の極端な考えをしてしまい，バランスのとれた考えを認めない。all or nothing の考え方。
マイナス思考	よいことやなんでもないことまで，悪く解釈する。
感情的決めつけ	自分の「感情」を根拠に決めつけたり，感情的な言動をとってしまう。感情に支配されることで，否定的な結論ばかり出てしまう。
自己関連づけ	何かことが起きると，自分のせいだ（おかげだ）と思ってしまう。
ねば・べき思想	何かをしようとするとき，「○○せねば」「××すべき」と，自分や他人を追い込む考え方をしてしまう。
レッテル貼り	自分にネガティブなレッテルを貼り，否定的な自己イメージをつくりあげる。（例）遅刻した＝自分はダメな人間だ
誇大視・微小視	短所や失敗を拡大解釈する一方，長所や成功を過小評価してしまう。

②別の考え方をしてみる

「第3章4.気持ち認知スキル」で述べたように，同じ状況にあっても，それを「どのようにとらえるか（思考）」によって「どのように感じるか（感情）」「どのように行動するか（行動）」は大きく変わってきます。下図のように自動思考の段階で悪い方向に考えてしまうと，その後の感情も行動もよくない方向へと向かってしまい，悪循環に陥ってしまいます。これを「ダメの悪循環」ということにします。

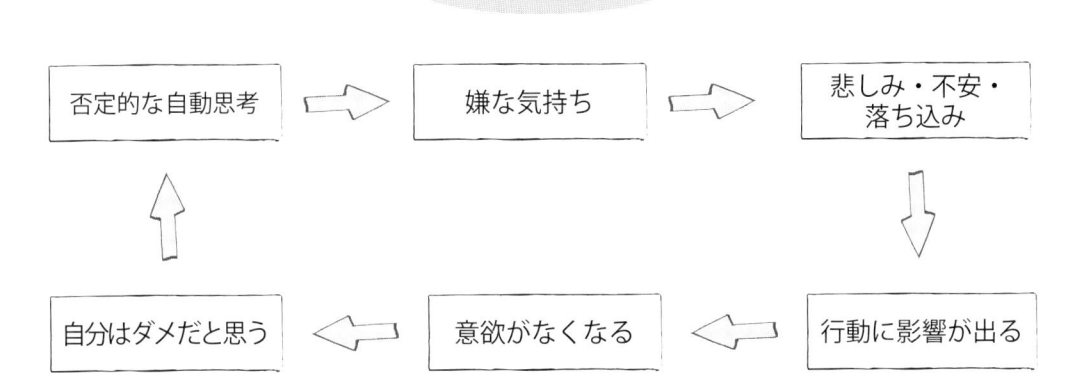

ダメの悪循環

否定的な自動思考 → 嫌な気持ち → 悲しみ・不安・落ち込み → 行動に影響が出る → 意欲がなくなる → 自分はダメだと思う → （否定的な自動思考へ戻る）

この悪循環を断ち切ることが重要なポイントです。とはいうものの，わかっていてもなかなか直せないのが「クセ」というものですし，自動的に浮かんでくる考えを止めるのは不可能に近いでしょう。無理に考えまいと抑え込むのは，かえって逆効果になることもあります。

では，どうすればよいのでしょうか？

有効な方法は，自動的に浮かんできた考え方を別の見方に変えて考えてみる練習をすることです。たとえば，次のような例で考えてみましょう。

> （例）宿題で，算数の問題50問が出された。Aさんにはどうしても解けない問題が5問あった。

このとき，次のような考えが浮かんでくるようであれば，否定的な考え方をするクセがあると考えられます。

● この宿題は完成していない。完璧にできていないから提出することはできない。（白黒思考）

ダメの悪循環を断ち切る方法
考えを変えるのが難しいときは，行動から変え，気分を変える方法もある。

●私は算数ができない。私はバカだ。(レッテル貼り)
●またうまくいかない。この前のテストもミスしたし、私は何をやってもダメなんだ。(過度の一般化)

　左のプリント①などを使って、このような場合に自分だったらどんな考え方をするか、振り返らせてみましょう。セルフモニタリングのきっかけとすることができます。

　どんな考え方があるかいくつか例を紹介して、明るく前向きに考える、悪い方向に考えるなど、人によっていろいろなとらえ方があることに気づけるようにするとよいでしょう(誰が書いた内容なのかを特定できるような取り上げ方にならないよう、配慮してください)。

　もしも、悪い方向へばかり考えてしまうときには、いったんそれにストップをかけ、その考えが本当に正しいのか自分に問いかけるとよいということを教えてあげましょう。プリント②で「でも、待てよ」と別の考え方をする練習をすると、その方法が理解しやすいでしょう。

　たとえば先述の例では、次のような考え方をすれば、前向きな感情・行動につながることを示します。

●習ったばかりなのに、50問中解けない問題は5問だけなんだから、すごい。この5問ができれば完璧だ！
●できるところまでやったんだから、今日はこれでOK！わからないところは、明日先生に教えてもらおう。
●わからなかったところを教えてもらったら、次は完璧をめざすぞ！

　子どもが自分で考え方のクセをもっていることに気づいたり、別の考え方をしようと思ったりすることは難しいものです。プリントなどを使った学習は、自分の考え方をセルフモニタリングし、自動思考をかえていく方法を知るきっかけとなります。

　また、日頃からマイナス思考の発言があったときなどをとらえて、先生や家の人が「そう思ったんだね。でもこういう考え方もできるよね。」といろいろな考え方を示して、前向きの気持ちに転換するコツをいっしょに考えてあげるようにするとよいでしょう。

〈プリント①〉

〈プリント②〉

※プリント①②を拡大したものを、P132に参考資料として掲載しています。

自動思考をかえていく方法を知る
『ソーシャルスキルワーク』でも、「気持ちをかえる」ことについて取り上げている(P102参照)。

(2) 気分転換の方法

　成長する過程で嫌なこと・つらいことに出合わない人はいません。その嫌なこと・つらいことをなくしてしまうことは無理なのですが，上手に対処することはできます。たとえばイライラや怒り，悲しみなど嫌な気持ちや傷ついた気持ちは，そのままにしておくと持続し，ますます悪く考えてしまいます。うまく気分転換ができる方法を身につければ，嫌な気持ちの状態からより早く回復することができます。気分転換は，否定的な自動思考から続いていく「ダメの悪循環」を断ち切る方法の一つともなります。

　気分転換の方法には次のような例があります。いろいろなバリエーションを子どもたちに伝えたり子どもたちの間で共有する機会を設けたりして，自分に合った気分転換の方法を身につけられるようにすることが大切です。時と場所によっても効果がある方法は違うことに注意し，バランスよく取り入れられるようにします。

①身体を動かす

　くよくよ考え続けてしまう状況のときは，思いきり走ったり，踊ったり，スポーツしたりといった身体を動かすことが気分転換になることがあります。そのほか，教室などの室内でもできる次のような方法もあります。

● 腹式呼吸をする

　おだやかであたたかいもの，クリーンでさわやかなものをおなかいっぱい吸い込んで，怒りや悲しみを思いきり吐き出すなど，イメージを描きながらするとより効果的です。

● 大きな声で歌う

● 怒りを振り払うイメージで身体を揺する

②五感に触れることをする

　五感を刺激する活動は，気持ちをリラックスさせる効果があります。

● 視覚を刺激する…美しいもの・かわいいもの・感動するものを見る（風景・花・緑の多い自然・映像・映画など）。

● 聴覚を刺激する…いい気持ちになれる音を聞く。元気の出る音楽・やすらかな落ち着く音楽など，そのときの気分に合わせるのも効

腹式呼吸の方法
① おなかをふくらませながら鼻から息を吸う。
② 吐くときはおなかがペッタンコになるまで，口からできるだけゆっくりと息を出していく。

果がある（大好きな音楽・水の流れる音）。
- ●味覚を刺激する…おいしいもの・好きなものを食べる。
- ●嗅覚を刺激する…好きな香りを嗅いだり，いい匂いがするものを身につけたりする。
- ●触覚を刺激する…ハグ・マッサージなどでのスキンシップ，ペットをなでる，ぬいぐるみなど柔らかい素材のものを触ったり，にぎったりする。

コーピンググッズを活用することも一つの方法です。

③楽しいことをする，楽しいことを空想する

自分の好きなことに夢中になっているときは，嫌なことも忘れています。好きなことを思いきりすることは，気分転換になります。

好きなことができない状況もありますが，心の中で静かな場所を訪れる空想をするだけでも，落ち着いた気持ちになれることがあります。「南の島でのんびりしている」「太陽の光が差しぽかぽかと暖かくやすらげる，緑豊かな公園にいる」など，自分がくつろいでいるところをイメージする練習をするとよいでしょう。

④人に話す，好きな人といっしょにいる

つらいこと，悔しいこと，悲しいことを人に聞いてもらうだけでも気持ちが軽くなることがあります。多くの人にとって，「話す」こと自体が感情を解き放ったり，整理したりすることになるのでしょう。

子どもの話を聞くときは，次のことに注意しましょう。
- ●何かをしながら聞くのではなく，話している子に向きあって聞く。
- ●ちゃんと聞いていることがわかるように，「そうだったの」「まあ」「うんうん」と相づちを打ちながら聞く。
- ●「それは悔しかったね」「悲しいね」「よくがんばったのに残念だったね」などの言葉で気持ちを汲み出してあげる。

また，大好きな友達や家族，先生のそばにいっしょにいるだけで気分転換になり，元気になることもあります。

コーピンググッズ

「コーピング」とは，ストレスに対処する方法という意味で，ストレスを感じたときに落ち着くために必要なグッズのことをコーピンググッズという。幼い頃から大切にしているぬいぐるみや枕，タオルなど，視覚・触覚などを通して安心感を与えてくれるコーピンググッズをもっている子どもにとっては，それを見たり触ったりすることが気分転換の方法になることもある。

ソーシャルスキルワークでは

ガマンしたり，怒りをしずめたり，気持ちを落ち着けたりといった感情のコントロールが必要になる場面やその方法について学びます。『ソーシャルスキルワーク』では，イラストを効果的に使用し，場面やそのときの感情をイメージしやすくしています。

ソーシャルスキルワーク ステップ1-⑥

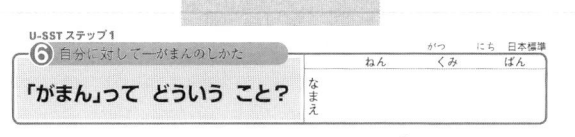

- 小学校1年生は，集団生活を心地よいものにするために，社会のルールを守る場面でガマンすることを学んでいく必要があります。

- 左は，授業中のルールづくりやルールの確認のために使えるワークです。ガマンができていない子を見つける作業を通して，授業中に自分たちが守るべきルールについて考えます。

- 欲求を抑える・怒りをこらえる・ルールを守るなどのガマンのしかたと，なぜそれが必要かを学ぶためのワークです。

ソーシャルスキルワーク ステップ2-⑥

```
U-SST ステップ2                           月  日  日本標準
⑥ 自分に対して―がまんのしかた         ねん  くみ  ばん
  いかりを じょうずに おさえよう    なまえ
```

◆ いらいらは どのくらいかな？

①　ならんで いたら，わりこみ されちゃった。
→めもりに ○を つけてね。

②　たいせつに して いた ものを こわされちゃった。
→めもりに △を つけてね。

あなただったら，○や △が どのへんに くるかな？

- 怒りがぐんぐんこみ上げてきて爆発するまでを，火山にたとえて視覚的に表現しています。自分の怒りの感情をイメージするのに有効です。

- 怒りの感情をもった経験を振り返り，怒りのレベルを認識します。

- 怒りを爆発させそうになったときに，火山のイメージを思い浮かべて感情をコントロールしていくことにつなげていけるとよいでしょう。

● ワークを使ってこんな学習をしてみましょう。

1．次のような問いかけで「怒り」を振り返らせる。
　①ワークの火山のように怒りが爆発したことがありますか？
　②そのとき，どんな気持ちでしたか？（感情）
　③どんな顔をしていたと思いますか？（表情）
　④何をしていましたか？（行動）
　⑤何を考えていましたか？（思考）

2．ワークの例や「足を踏まれたら…」など，いろいろなシチュエーションを示して，次のようなことについて発表しあう。
　①自分だったらどのくらいのレベルの怒りか（怒り火山を使って表現）
　②そのときどのように気持ちを表現するか

こんな子どもには…

パニックを起こす子

Q：自分の思うようにならないとき，暴れたり，物を投げたり，暴言を吐いたりする子がいます。友達や先生から注意を受けると，ますますひどくなり手に負えません。どのように対応すればよいでしょうか？

A：周囲から，行動が「わがまま」「自己中心的」「ガマンが足りない」と思われて注意され，ますますひどく暴れて手がつけられなくなるタイプの子どもがいます。「親が甘やかしているから…」と思われることもあります。これは，いわゆる「パニック」で，アスペルガー症候群などの広汎性発達障害をもつ子の中にあらわれることがあります。叱られたとき，自分の考えと違うことや受け入れがたいことを言われたとき，想定外の事態に直面したとき，自分のやろうとしていたことが否定されたとき，友達にからかわれたときなどに過敏に反応して起こります。

みなさんは初めての山道をドライブしていて，霧に包まれ視界がさえぎられた経験はありませんか？ パニックを起こす子どもたちの心理は，このときの先の見えない中を走る不安と恐怖心にたとえられるかもしれません。「見通しが立てられない」「思考の柔軟性に困難がある」という特性をもつ子どもたちが，情報・刺激の処理ができず，大混乱になっていると考えてよいでしょう。パニックを起こした後はかなり気力・体力を消耗していると思われます。

パニックを起こすには，必ず理由があります。パニックになってからの対処法を考えるより，ならないように気をつけることのほうが大切です。パニックになる回路が強化（「強化」についてはP108参照）され定着してしまうと，やめるのに時間がかかります。パニックになる原因・刺激を排除していく必要があります。

本章で述べた，「自己認知スキル」「セルフコントロールスキル」を身につけることを，学校全体・家族との共通理解の中で進めていくことも大切です。

◆ タイムアウトの場所をつくる

パニックになったときやイライラしたとき，教室から飛び出していく子がいます。クラスにそういう子がいるときは，タイムアウトの場所をつくっておくとよいでしょう。保健室，図書室，校長室などいろいろな場所が考えられますが，仕切りなどを使って一人になってタイムアウトがとれるスペースを確保しておくことも一つの案です。どんな子でもつらいときはあります。そんなときそっと一人になれるスペースがあることは，気分転換に有効です。

こんな子どもには…

パニックのとき，してはいけないこと

次のような対応は逆効果になる可能性があるので避けます。
- 正論でわからせようと説教する。
- 叱責する・暴力でわからせようとする。
- 命令と禁止でストップさせる。
  「〜したらダメ」ではなく，「〜しようね」の言い方にする。
  （例）「危ないから走ったらダメ」→「気をつけて歩こうね！」
- 「もうしない」と約束させる。
  不可能な約束は，できなかったときに自己肯定感を下げ，約束が守れなかった自責や「どうせ自分は…」という気持ちを誘ってしまいます。

気持ちの切り替えが苦手な子

Q： 不機嫌になったり落ち込んだりしたあとに，なかなか気持ちを切り替えられず，授業に参加できなかったりする子がいます。どのようにかかわればよいでしょうか。

A： 不機嫌や落ち込む気持ちを，なかなか切り替えられない子に対しては，まずはクールダウンできる落ち着いた雰囲気の場所を探し，移動させます。その場所は子どもによって異なります。ある子にとっては何人か子どもがいる保健室だったり，ほかの子にとっては誰もいない図書室だったり，大人（先生）がいる職員室であったりします。また，その場所に移動する際に気持ちの切り替えを早くするための方法，たとえば水を飲むとか，顔を洗うなどといったことも同時に勧めてみます。

落ち着いてきた段階で，不機嫌になってしまったり落ち込んでしまったりした原因をいっしょに振り返ります。このとき重要なのは，その子の気持ちを受けとめながら「どうすればよかったか」をいっしょに考えることです。「その考えはだめだ」とか「こうしなさい」というような一方的な対応は，さらにその子の態度を頑なものにするばかりか，先生と話をすることが嫌な経験として心に残り，話をすることすら難しい状況になってしまいます。

「クールダウンして振り返りをする」ということをくり返すうちに，徐々に「立ち直る」のに必要な時間が短縮されるとともに，場所を移動しなくても，水を飲む・顔を洗うといった切り替えの方法を使うだけで気持ちが切り替えられるようになります。

参考資料

1> プリント例「感情の5段階表」

怒りのレベル別に「表情」「感情」「行動」で分類してあります。一部は空欄にしておいて，そのときどうすればよいのかなど，クラスで考えてみるとよいでしょう。

:3年生以上対象

あなたの「いかり」はどれくらい？

いかりレベル	どんな顔	どんな気もち	何している	どうしたらいいのかな
4		うわぁ～!! ブチッ！ キレた！ ばくはつ！ ・もう，わけがわからない ・はらがにえくりかえる	・大きな声であばれちゃう ・人をたたいちゃった	・もう，どうにもできない ・その場からはなれさせてくれるおとながひつよう
3		キーッ！ ・ふざけるな ・ばくはつしそう ・もう，ここにはいたくない ・だれとも話したくない ・かってにすれば!!	・人や物に八つ当たりしちゃう ・こわい目でにらんじゃう ・うろうろする	・しんらいできるおとな（先生）に話す ・その場をはなれる
2		プンプン！ カチン イライライラッ ・がまんがまん ・やっていられない ・もうイヤだ ・頭にきた	・まわりの人と話さずだまっている ・友だちをむしする ・ちょっとわる口を言う	・しんこきゅうをする ・友だちにそうだんする
1		イラッ！ ブーッ！ ムシャクシャ ・はらがたつ ・ムカつく ・なるべく気にしないでいよう	・まだ，ふつうにしていられる	・楽しいことを考える ・気分てんかんにすきなことをする
0		・OK ・へいき	・だいじょうぶ	・このままですごしている

2> プリント例「こんなとき，どう思う？」「考え方をかえてみよう！」

3年生以上対象

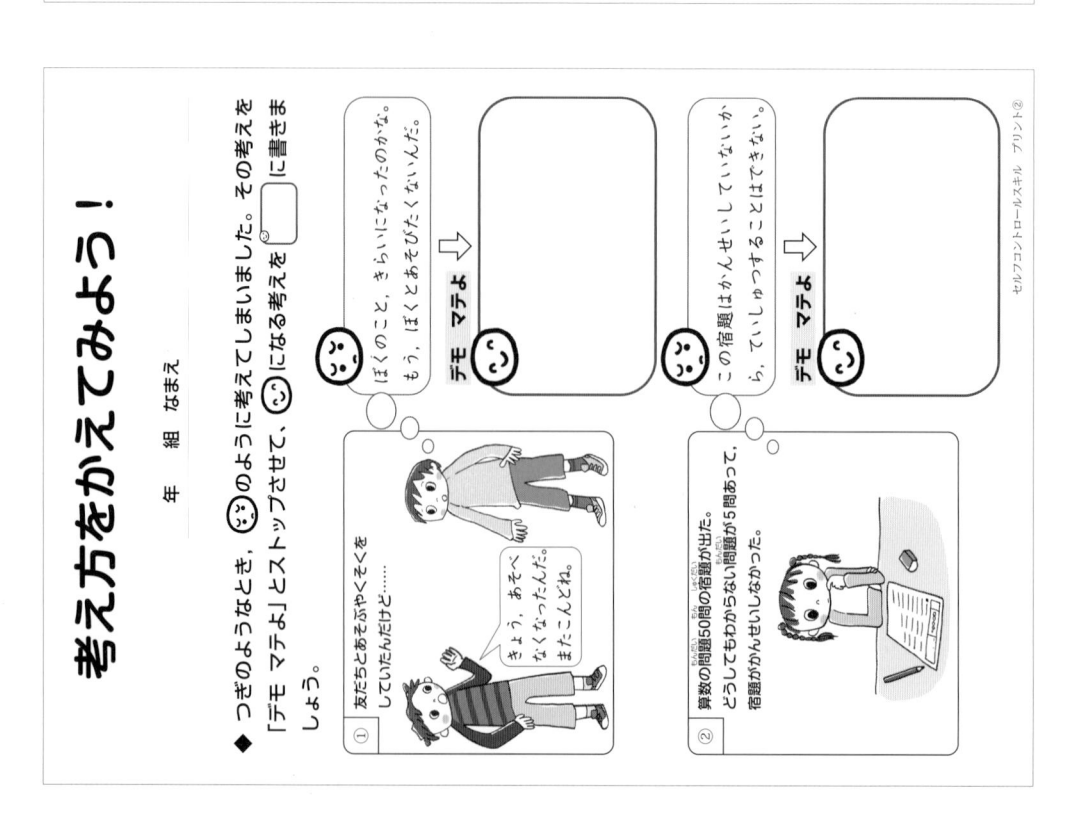

こんなとき，どう思う？

年　組　なまえ

◆ あなたは，①②のようなことがあったらどう思いますか？　どんな気もちになりますか？

① 友だちとあそぶやくそくをしていたんだけど……
「きょう，あそべなくなったんだ。またこんどね。」

② 算数の問題50問の宿題が出た。どうしてもわからない問題が5問あって，宿題がかんせいしなかった。

考え方をかえてみよう！

年　組　なまえ

◆ つぎのようなとき，😞のように考えてしまいました。その考えを「デモ マテヨ」とストップさせて，😊になる考えをに書きましょう。

① 友だちとあそぶやくそくをしていたんだけど……
「きょう，あそべなくなったんだ。またこんどね。」

😞 ぼくのこと，きらいになったのかな。もう，ぼくとあそびたくないんだ。
→ デモ マテヨ
😊

② 算数の問題50問の宿題が出た。どうしてもわからない問題が5問あって，宿題がかんせいしなかった。

😞 この宿題はかんせいしていないから，ていしゅつすることはできない。
→ デモ マテヨ
😊

5．セルフコントロールスキル／セルフマネジメントスキル

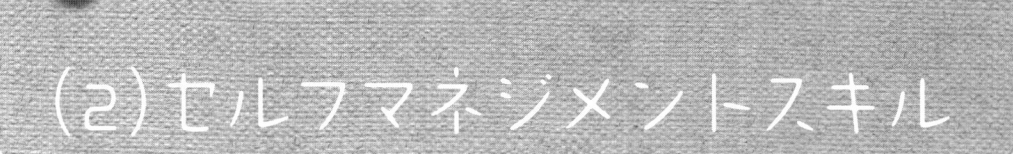

(2)セルフマネジメントスキル

自分のできないことにチャレンジして，失敗して落ち込む子

自分が立てた目標に取り組んでも

失敗してばかりいる子

自分のことがよくわからなくて

達成可能な目標を立てて取り組んだり，

自分が伸びていく実感を

味わったりすることができない子どもたち…

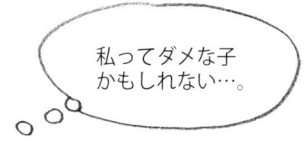

またできなかった…と思う子

また失敗した。

なんでできないんだろう…。

私ってダメな子かもしれない…。

どうすれば自分に自信をもって取り組んだり，

自分で自分の目標をうまく立てたりできるのでしょうか。

セルフマネジメントについて

いっしょに考えてみましょう。

＊セルフマネジメントスキルは『ソーシャルスキルワーク』の ▇▇ の単元で取り上げています。

	❶	❷	❸	❹	❺	❻	❼	❽
ステップ1								
ステップ2								
ステップ3								
ステップ4						チャレンジのしかた		
ステップ5					自分をたいせつに			
ステップ6					自分をたいせつに			

➡詳しくはP46・47の単元構成表を参照してください。

自己実現のためのセルフマネジメント
～自主自律の基礎を育てるために

（1）セルフマネジメントとは

　最近の若者の傾向として，「人から言われないとやらない」「細かく指示を出さないと行動できない」「マニュアルがないと動けない」「計画性がなく行き当たりばったりに行動する」などといわれることが多いようです。これらの背景には，セルフマネジメントスキルが育っていないという問題があると考えられます。

　セルフマネジメントとは，自己管理・自己調整のことで，昔からよくいわれる「自主自律の精神」と関連づけることができます。育てたい子ども像として自主自律の精神を重んじている学校が多く見られるのは，それが人の成長のため，自立のためにどうしても必要なものだからではないでしょうか。

　自主自律といっても，最初から自分ひとりで何でもさせればいいというわけではありません。セルフマネジメントは，「自分に合った目標を立てて実行し，達成感を味わうスキル」として，他のソーシャルスキルと同じように，学習によって身につけていく必要があります。そしてこのスキルは，将来の目標達成と自己実現のために小学生のうちから身につけることが重要です。

　またセルフマネジメントは，自分の健康を保つためのスキルとしても必要となります。自分の生活・身体について把握し，自分の身体にとってよい生活習慣や食生活とするために何をすべきかを考え実行する自己管理がこれにあたります。

　自己実現をめざすといっても，「今の自分（現実の自己像）」と「なりたい自分（理想の自己像）」の間には，誰でもギャップがあります。「なりたい自分」に向けて，目標と計画を立てて努力しそのギャップを乗り越えることで，なりたい自分の実現が可能となります。そのために必要なことを考えてみましょう。

自己実現
→自己実現の欲求と「マズローの五段階欲求説」について，P142コラム参照。

生活習慣・身体のセルフマネジメント
→P70・71参照。

（2）「目標」と「自己認知」の関係

「目標」を立てるときにいちばん重要なことは，自分ができる課題を自分で設定する力があることです。自己認知とそれに基づく自己評価が正しくできていないと，自分に合った目標を立てることができず，目標を達成するための計画も考えることができません。

たとえば「自分はなんでもできる」といったように高すぎる自己評価をしている子どもの場合を考えてみましょう。このような子は「人に手伝ってもらってできたことを，自分の力でやったと思い込む経験をくり返してきた（偽りの成功体験）」「できないとき，言い訳や責任転嫁をし，それが通ってきたため，最後までやり通した経験が少ない」などの背景をもっています。そして何かに取り組む場合，自分の実力よりも相当高い目標を設定した結果，すぐにうまくいかなくなり投げ出してしまうことが多くなります。その場合も「やればできるけどやらないだけ」「自分の力をわかってもらえないところではやりたくない」などと考えたり他者に責任転嫁したりしがちです。これではなかなか成功体験を得ることはできません。

したがって，目標を立てるときには，セルフモニタリングによって自己評価を正しく行う必要があります。自分ができることとできないこと，自分の得意なことと苦手なこと，自分の性格や行動・考え方のパターンなどを十分把握した上で，"がんばればできる"という，実力よりも少し上の目標が自分に合った目標といえます。

目標を立てるスキルは，個人の生活上でも学習の場面でも必要ですし，社会に出て仕事をもったときにも求められます。学齢期から経験を積み重ねることで，より自分に合った目標を立てられるようになり，スキルとして身につきます。また，目標を立てる際に他者からの助言を受けることが有効な場合もあります。そのとき，他者からのフィードバックによって自己評価が変わることがあり，それをさらに目標設定に生かすこともできます。

（3）目標を達成するために

① PDCAサイクル

何かについて目標を立てたら，それを計画（Plan）➡実行（Do）➡振り返り（Check）➡修正（Act）の流れで，以下のように実施さ

自己認知スキル
➡ P65〜参照。

自己評価が高すぎる子
自己評価が高すぎる子には，次のように対応することが望まれる。
・現実を受け入れきれていないため，失敗するとダメージを受けやすい。成功体験を得られるような場面を設定して，チャレンジし，やり遂げていく経験を重ねられるようにする。
・仮に失敗した場合も人のせいにせず，どこでつまずいたのかをセルフモニタリングする習慣をつけさせていく。

PDCAサイクル
Plan(計画)・Do(実行)・Check(点検)・Act(改善)の頭文字をとった呼び方。もともとは生産過程における品質管理のために生まれたが，計画を実行するさまざまな場面で使われている。

せるようにします。この流れをPDCAサイクルといいます。
1. 目標を決める：自分がどうしたいのかを考え，目標をもつ。
2. 計画を立てる：目標達成のためにどのようにしていけばよいのかを自分で計画する。
3. 実行する：計画に従って，自分に合った方法で実行する。
4. 振り返る：実行した結果を目標と比べて，できたかどうか，自分自身を見つめ観察して評価する。
5. 修正する：結果の評価をふまえて，次はこうしてみようという修正を加える。

　PDCAサイクルでは，2.～5.の四つの段階をくり返すことで，目標達成に向けてスパイラル的に進みます。

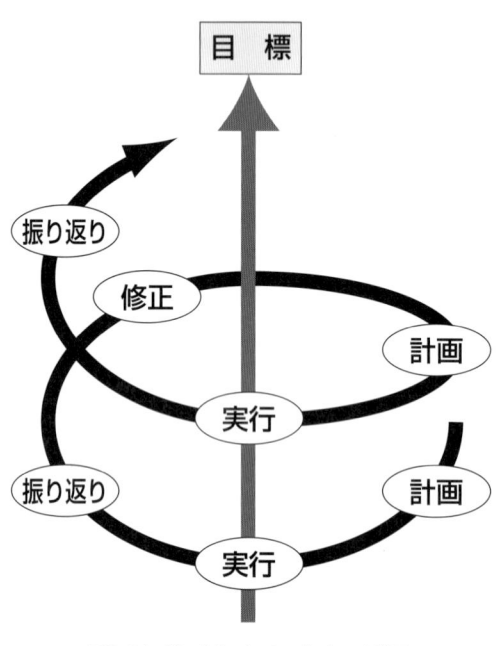

PDCAサイクルのイメージ図

PDCAサイクルの活用例

　次のようにPDCAサイクルを生活習慣上の目標達成のために活用することもできます。

例 ゲーム時間のセルフマネジメント

目標
　ゲームをする時間を自分で決めて守る。

PLAN（計画）
　ゲームをする時間を，1日30分以内にする。守れた日は，日付に丸をつけていく。

DO（実行）
　1週間行った。

CHECK（振り返り）
　丸がついた日は，1週間で3日だけだった。30分ではやめられない日があった。ゲームをする時間は1回に1時間くらいあるとちょうどいい。

ACT（修正）
　ゲームをする時間を2日で1時間として，ゲームをしない日をつくる計画に設定し直し，実行。計画どおりに実行できた。

スモールステップ方式
難しい内容を学習する場合には，いきなり難しい内容に入らず，学習内容を小さな単位に分割し，易しい内容から出発して，少しずつ小刻みに難しくしていくべきであるとする考え方に基づく方法。

②スモールステップ方式で計画・実行

　計画を立てるときは，まず「なりたい自分」を明確にして，「今の自分」をスタート地点に置きます。そして「今の自分」から「な

りたい自分」に向かうまでの道のりを考え，計画を立てていきます。

　このとき大切なのが「スモールステップ方式」です。階段の一段が高すぎれば，誰でものぼっているうちに息切れしてしまったり気力をなくしたりしてしまいます。息切れしないように，目標達成までの道のりを小さく刻み，達成感を何度も味わいモチベーションを高めながら進んでいくのが，スモールステップ方式です。

　そして，実際には次のようなことを明らかにして計画を立てます（右欄外に小学生段階で考えられる例を挙げています）。

●目標は何か

　自分のめざす方向を明らかにします。「自分は何がしたいのか」「自分はどんな人になりたいのか」「何ができるようになりたいのか」「何をしてみたいのか」「将来のために，今自分は何を身につける必要があるのか」など大きな目標を実現するためにはまず何が必要なのかを考えて，「そのために○○の勉強をする」「○○が得意になる」など，今実行できる目標を立てます。

→ 算数ができるようになりたい，そのためにまず「九九が言えるようになる」

●いつまでに達成するか

　目標を達成するためのさらに小さな短期目標（スモールステップの目標）を立て，最初はそれを達成する期日を設定します。大きな目標の期日はゆるやかなものにしておきます。最初から長期にわたる計画を立ててしまうと，予定どおりいかなかったとき，修正が難しいため一気にやる気がなくなってしまうからです。

→ 目標：九九が言えるようになる…11月中
短期目標
ステップ1：読み方を見ながら九九が言える～10／○
ステップ2：式を見ながら九九が言える～10／○
……（略）

●目標を達成するための武器は何か

　自分のもっている力・性格・応援してくれる人は何かを考えます。

→ 九九カード，お兄ちゃんの応援，先生…

●障害物は何か

　自分の計画をくるわせるものは何かを考えます。テレビやゲームなどに夢中になって予定がくるうときはその対策も考えてみます。

→ ゲームがしたくなること，算数が嫌いという気持ち…

●ごほうびは何か

　一日の終わりやスモールステップの目標（短期目標）ができたとき，大きな目標を達成したときのために，自分でごほうびを決めておきます。

→ ゲームをすること，目標達成したらお兄ちゃんの宝物をもらう

　このように，スモールステップの小さな目標を積み重ねることで，大きな目標に到達できるように計画を立て，実行するようにします。P138は，スモールステップで「九九が言えるようになる」という目標を達成するための学習シート例です。計画を立てるときには，このようなシートを活用するとよいでしょう。

〈スモールステップで目標を達成するための学習シート例〉

もくひょう	算数ができるようになる
そのために	九九が言えるようになる

いつまでに	みかたになるもの	じゃますもの
11月のおわりまでに	● 九九カード ● おにいちゃん ● 先生	● ゲームがしたくなる ● 算数がきらい

ごほうび
● 九九のだんが一つ言えるようになったら、ゲームをしてもいい
● ぜんぶ言えるようになったら、お兄ちゃんが○○をくれる

もくひょう	だん	できた日
ステップ①　よみかたを見ながら言える　　ごいちがご　ごにじゅう……	1・2・5	
	3・4・6	
	7・8・9	
	ぜんぶ	
ステップ②　「しき」を見ながら言える　　5×1＝5　5×2＝10……	1・2・3・4・5	
	6・7・8・9	
ステップ③　こたえをかくして言える　　5×1＝　　5×2＝　……	1・2・3・4・5	
	6・7・8・9	
	ぜんぶ	
ステップ④　なにも見ないで、　　だんを上から言える	1・2・5	
	3・4・6	
	7・8・9	
	ぜんぶ	
ステップ⑤　なにも見ないで、　　だんを下から言える	1・2・5	
	3・4・6	
	7・8・9	
	ぜんぶ	
ステップ⑥　どこからでも言える	1・2・5	
	3・4・6	
	7・8・9	
	ぜんぶ	

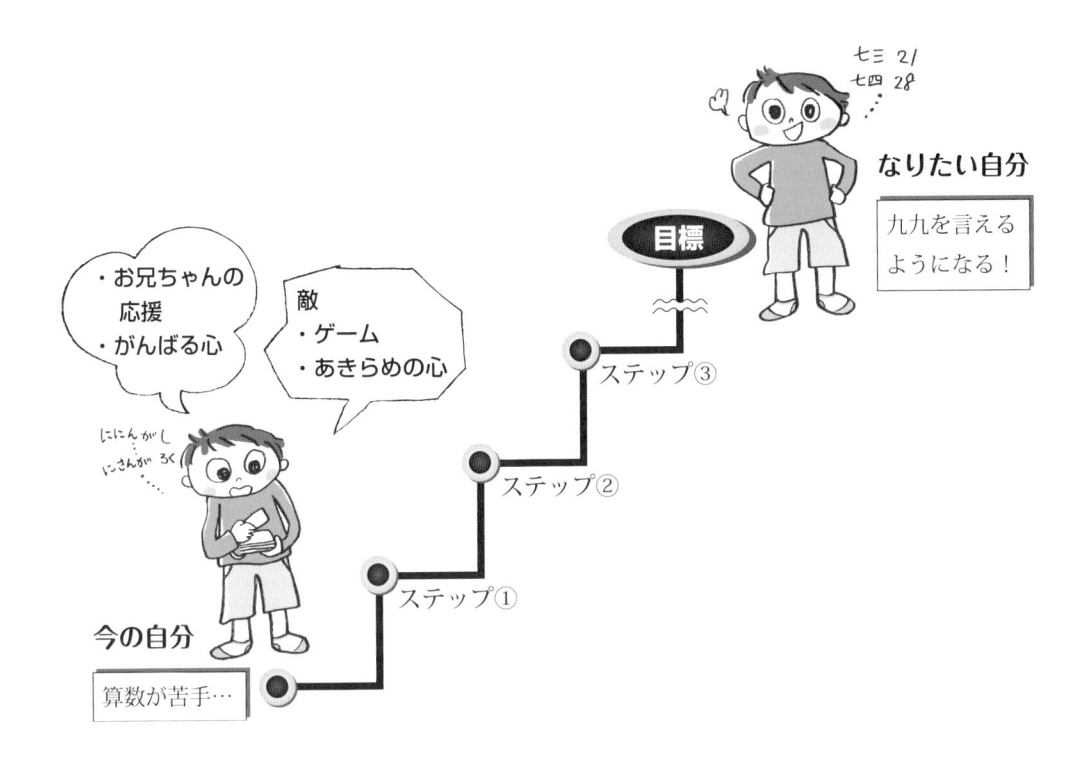

（4）目標に達しないときはどうするか

①修正力を強めるために

　スモールステップ方式で計画を立てて進めても，目標が達成できないことがあります。特に学習やスポーツについては，努力しても報われず，そのことによって挫折感を味わうことも少なくないでしょう。しかし，「目標を達成できないこと」イコール「失敗」ではありません。きっとその目標に向かって挑戦する過程には，がんばった成長の跡が見つかるはずです。目標が達成できなかったことを「挫折」ととらえず，「ここまでがんばった自分」「今の状態を続けている自分」を認めていけるようにすることが大切です。そして，どうすれば達成できたかという視点で計画や実行過程を振り返って考え，「修正力」を強められるようにしましょう。そのためには，次のような働きかけをするよう心がけましょう。

・目標を達成したときだけほめるのではなく，途中の過程でもできているところはどんどん認めていく。
・失敗体験のときは，自己評価を低める方向に向かわせないように，次はこうしようと目標を示すようなフィードバックをしていく。

②必ずできる小さなチャレンジで達成感を味わわせる

　必ずできる「小さなチャレンジ」を合言葉に目標を設定して実行し，自分のことについて振り返るという体験を増やしていくのもよいでしょう。そのチャレンジは習いごとや家の手伝いなどほんの小さなこと，短期間でできることでもかまいません。また，クラス目標を「一日に一つ善いことをする」など具体的なものに設定し，振り返りをしていくのもよいでしょう。さらに「がんばったで賞」「チャレンジ認定証」などを活用し，チャレンジのあとに個々を表彰しクラスで盛り上げると効果的に達成感を得られます。

　小さなチャレンジは，容易に振り返りができ，実施計画を考えるのも簡単です。小さいけれども，着実に達成感を積み重ねることができます。「できた！」という実感を伴った達成感が，次の目標へと進む意欲となり，自分に対する自信を培います。自信をもつことによって，マイナス体験を受けとめる力——自己肯定感や自尊感情——が高まります。自分のマイナス体験を受けとめる力ができれば，失敗しても，この次はこうしてみようとか，失敗したけどだいじょうぶと，自分で自分を支えることができるようになり，それは，何かのアクシデントが起こり，想定外のことが起こったときの修正力ともなります。

　また，セルフ・エフィカシー（自己効力感）に着目することも大切です。バンデューラの社会的学習理論の中では，人の行動を決定するのは，「先行要因」「結果要因」「認知要因」の三者であるとされ，人間は刺激に単に反応しているのではなく，認知要因を通して刺激を解釈し反応していると考えています。つまり，自分はそれをできるというイメージがあるときと，それはできないというイメージのときでは結果が異なるという考え方です。

　できないというイメージが強い子には，ふだんからスモールステップで「チャレンジしてみたらできた」という機会を多くつくるようにします。できないイメージ（どうせできない・いつもダメだった）➡だからやらない・やっぱり失敗したではなく，できるイメージ（きっとできる・がんばればできる・この前も成功した）➡だからチャレンジしてみよう・成功したという体験をできるだけ増やしてあげることが大切です。

セルフ・エフィカシー
ある行為を自分が成し遂げられるかどうかの期待感や確信のこと。

バンデューラの社会的学習理論
➡ P110 参照。

ソーシャルスキルワークでは

目標に向かい挑戦していくことは、重要な体験の一つです。『ソーシャルスキルワーク』では、自身を客観的に見つめ、適切な自己認知から適切な目標設定ができること、さらにスモールステップで計画を立てるスキルを学びます。

ソーシャルスキルワーク ステップ5-⑤

ステップ5-⑤ ワーク❷ なりたい自分をさがしてみよう

◆ どんな自分になりたいかな？ 二つえらんで、その理由を書こう。

- 明るい
- やさしい
- まじめ
- 元気がいい
- 堂々としている
- がんばりや
- 落ち着いている
- しっかりしている
- がまん強い
- 何にでもチャレンジする
- めんどう見がよい
- おもしろい
- 親切
- よく気がつく
- すぐにおこらない
- あきらめない
- すなお
- おおらか
- 勇気がある
- めんどうくさがらない
- 思いやりがある
- おしとやか
- 正義感が強い
- ぎょうぎがよい
- だれとでも仲よし
- 自信がある

● 現実の自己像と理想の自己像について考えるワークです。

● なりたい自分についての漠然としたイメージや考えを具体化し、言葉にしてみます。

● イメージしたなりたい自分に近づくためにはどうしたらよいかを、順に考えていきます。

● スモールステップで計画を立てて、目標に近づく方法を体験するためのワークです。

ステップ5-⑤ ワーク❸ なりたい自分になるために

◆ どうすれば、なりたい自分に近づけるのかな？ 今から始められることを考えて、□に書こう。

まず、ワーク2で書いたものから一つえらんで、□に書こう！

やさしい

3. 弟にやさしくしてみる。

こんなことを始めるよ！

1.
〈例〉
1. やさしい人の言い方をよく聞いてみる。

2. まねして言ってみる。

わたしは やさしい 自分になる計画を立てたよ。

Column
マズローの五段階欲求説
自己実現の欲求をもつために必要なこと

アメリカの心理学者アブラハム・マズローは，人間の欲求を五段階に分け，人はそれぞれ下位の欲求が満たされると，その上の欲求の充足をめざすという欲求段階説を唱えました。欲求は，下位から生理的欲求，安全の欲求，所属欲求，承認欲求，自己実現の欲求という順です。

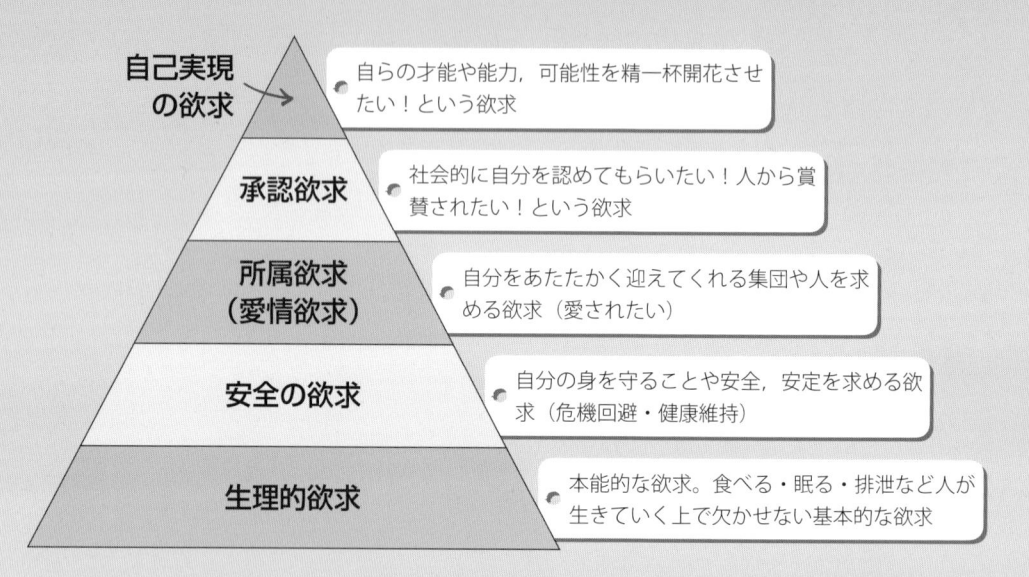

- **自己実現の欲求**：自らの才能や能力，可能性を精一杯開花させたい！という欲求
- **承認欲求**：社会的に自分を認めてもらいたい！人から賞賛されたい！という欲求
- **所属欲求（愛情欲求）**：自分をあたたかく迎えてくれる集団や人を求める欲求（愛されたい）
- **安全の欲求**：自分の身を守ることや安全，安定を求める欲求（危機回避・健康維持）
- **生理的欲求**：本能的な欲求。食べる・眠る・排泄など人が生きていく上で欠かせない基本的な欲求

所属欲求（愛情欲求）は，生理的欲求・安全の欲求という生存にかかわることが保障されることにより，出現する欲求といわれています。そして自己実現の欲求は，集団の中に迎え入れられている安心が保障される所属欲求と，他者に認められ尊敬される存在であることが保障される承認欲求を経て，はじめて生じるものと考えられます。

たとえば激流の川下りの筏に乗っているところを想像してください。川下りの真っ最中に，「将来こんなことがしたい」などと考えることができるでしょうか。おそらくは，筏にしがみつき，激流を乗り切ることで頭の中がいっぱいになってしまうでしょう。

クラスの環境が，いじめがある・暗い雰囲気・言葉遣いが乱暴・思いやりのある言動がないなど，楽しくないものだったら……。また，家庭に経済的困難・虐待・暴言・放置放任・家族間の不仲などの問題があり好ましくない環境だったら……。このような不安定な地盤で，上に立っているだけで精一杯というときに，「何がやりたいの？」と問いかけても，「こうしたい！」という自己実現の欲求をもつことは難しいでしょう。

セルフマネジメントでは，現在の自分を見つめ，理想の自分を想定するという過程が欠かせません。「どうしたいの？」「やりたいことは？」という問いかけは，自己実現がかなう環境を整えてから，子どもに投げかけることが必要となってきます。学校という環境でいえば，クラス内の雰囲気があたたかいものであること，クラスへの愛情があること，お互いが認めあうことを実践しているクラスであることなど，クラス環境を常に高めていくことがセルフマネジメントスキルの獲得を促す基盤となります。

こんな子どもには…

忘れ物が多い子

Q：何度伝えても忘れ物が減らない子どもがいます。帰り際に声をかけると「明日はだいじょうぶ」と言うのですが，次の日も必ず何かしら忘れ物をしています。

A：　忘れ物が多い子は，覚えることおよび覚えたことを必要なときに思い出すことが苦手です。それを補うために，「覚えておくための手段」を教えてあげることが必要になります。その手段はさまざまですが，たとえば翌日の持ち物等の情報を手帳や連絡帳に書くことに加え，メールやFAXなどであらかじめ家庭にその情報を伝えておき，保護者にいっしょにチェックしてもらったりすることなどが考えられます。

　また，メモなどを見て持っていくことを思い出したとしても，かばんに入れることを忘れてしまうこともあります。これについては，翌日の準備をする段階でかばんに入れたことを確認できるチェックシートを作成し，保護者といっしょに確認してもらうことで防ぐことができます。

　いずれにしても，忘れ物をしなくなるためには，声かけだけでなく，その子に合った使いやすい「自己管理ツール」を持たせ活用させることが必要です。

ぼうっとしている子

Q：ふだんから少しぼうっとしている様子が見られる子どもですが，グループ学習のときなどは特にその様子が目立っています。教師が指示を出すと取り組むのですが，指示を出さなければ自分からは何もしないため，その子への対応のためにほかの子の様子をなかなか見ることができず，困っています。

A：「ぼうっとしている」のは，何をしていいのかわからない「不安」のあらわれです。このような場合，「ぼうっとするな！」などと注意したり叱ったりすることは効果がないばかりか，不安をさらにあおることになるので，避けなければなりません。

　グループ全体に出した指示が，その子にとっては抽象的なものである可能性があります。指示を具体的かつシンプルで，スモールステップ的なもの，たとえばはじめは選択肢を準備してあげて本人がその中から選択して次の作業に進めるようにするなど，本人が見通しを立てることができ，不安を抱かなくてすむよう配慮しましょう。

こんな子どもには…

当番活動がうまくできない子

Q： なかなか落ち着いて掃除に取り組めない子どもがいます。やることを指示すると動き始めるのですが，周りにちょっと気になることがあると，すぐそちらに興味をもち，掃除を中断してしまいます。また，教師の指示がないと掃除を始められません。どのように指導すればよいでしょうか？

A： 掃除に落ち着いて取り組めない子の場合，「ふざけたい」「さぼりたい」という気持ちがあるからとは限りません。「ちゃんと掃除をしなさい」と言われても，何をどうしたらいいのかわからない子どももいます。手持ちぶさたのため，ちょっとした刺激に反応して，掃除以外のことをしてしまうことも多いのです。

こうした子どものために，下図のような具体的な掃除の手順をかいたものを掃除場所に掲示しておきます。使用する掃除道具やその使い方も図示するとよいでしょう。それを見ながら掃除をすることにより，今何をすればよいかがわかるようになり，集中して取り組むことができるようになります。

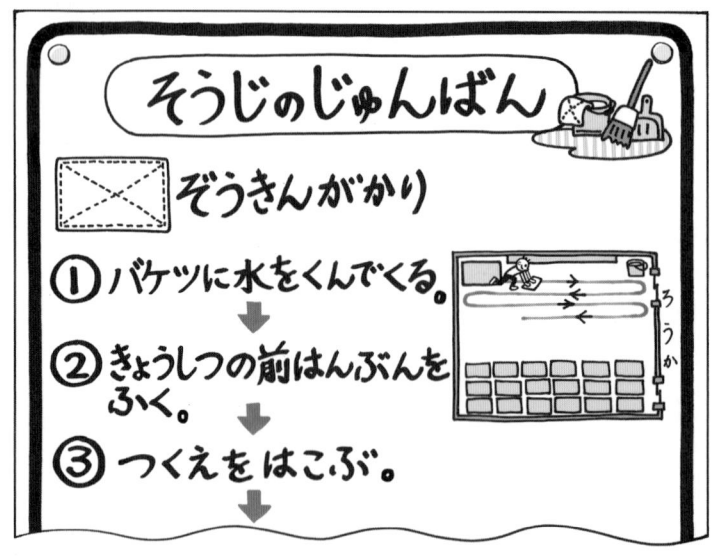

```
そうじのじゅんばん
  ぞうきんがかり
① バケツに水をくんでくる。
② きょうしつの前はんぶんをふく。
③ つくえを はこぶ。
```

※クラスで決めている掃除の手順に準じて作成してください。

6.コミュニケーションスキル

友達と遊びたいのに声をかけることができない子
断りたいのになかなかイヤと言えない子
みんなと協力したいのにどうしたらよいかわからない子

人とのふれあいの中で
自分の思いを伝えたいと思っても
その方法がわからない子どもたち…

どうすれば上手にコミュニケーションを
とりあうことができるのでしょうか
コミュニケーションスキルについて
いっしょに考えてみましょう

トラブルを起こしがちな子
人とかかわるのが苦手な子

声をかけるタイミングっていつ？
気持ちを伝える言い方がわからない。
何も言わないほうが楽みたい。
仲良く遊びたいのにけんかになっちゃう。
なんだか怒らせちゃうみたい。

*コミュニケーションスキルは『ソーシャルスキルワーク』の　　の単元で取り上げています。

	❶	❷	❸	❹	❺	❻	❼	❽
ステップ1							伝え方	聞き方
ステップ2							伝え方と聞き方	誘い方
ステップ3							助けの求め方	協力のしかた
ステップ4							質問のしかた	提案のしかた
ステップ5						相手を尊重する	頼み方と断り方	ほめ方
ステップ6						配慮のしかた	助けと協力	共感する

→詳しくはP46・47の単元構成表を参照してください。

コミュニケーションスキルとは
〜人間関係をより深いものにするために

（1）コミュニケーションスキルの必要性

コミュニケーションスキルは，教科学習や特別活動にも直結するスキルである。それぞれの学習活動・場面で機会をとらえ，育成・定着をはかりたい。

若者のコミュニケーション能力の低下については，以前から指摘されています。さらに近年は，携帯電話，インターネットなど非対面でコミュニケーションがとれる手段が急速に普及したことによって，対面でコミュニケーションをとる機会はますます減少しているといえます。

最近の新聞記事で，大学生のコミュニケーション能力に関して，ある大学の教授が次のような実態を紹介されているのを目にしました。その教授の授業では，学生にペアを組ませ講義についての意見交換をさせているのですが，相手を見つけることができずポツンと教室に一人でいる学生が毎回一定数いるというのです。適当な相手と目を合わせるなりして声をかけて頼む，ということができないのです。この例のように，人と話すことやかかわりをもつことを苦手とし，苦痛を感じる若者が多く見られます。このような若者は，今後自立した社会生活を送っていこうとしたとき，より大きな困難を感じることになると懸念されます。

上記の教授は，人と交流する経験を積ませることなく，コミュニケーションスキルが身についていない若者を育ててしまった周囲の大人の責任を指摘されています。社会状況の変化により，他人とコミュニケーションをとる機会が減少している現状では，成長する過程で人との交流を経験させ，コミュニケーションの方法を学ばせることを意識的に行う必要があるのです。それには，小学生の時期にコミュニケーションスキルを身につけさせることが重要です。

そして，コミュニケーションの方法を学ばせるときに大切なのは，上手なかかわりあいができない現状があったとしても，それは言葉の選び方や表現のしかた，ふるまい方などのスキルを獲得していないためだ，という視点で考えることです。たとえば友達や大人に乱

暴な言葉を使ってしまう子に対しては、「そんなことは言わない！」と叱るのではなく、「こんなふうに言うと気持ちいい」という言い方を具体的に伝えます。どのように声をかけてよいかわからないために友達と遊べない子がいたとしたら、声のかけ方を教えます。このようにして、一つひとつスキルとして身につけさせることが必要なのです。

一方コミュニケーションは、自分をより高めていくためにも必要なものです。人は他者とのふれあいによって他者と自分が異なる存在であることに気づき、自分の存在を実感します。そして他者の目を通して自分を見ることは、自己を客観視し、自分をより高次の自分へと導く能力を養うことにつながるからです。

（2）言語コミュニケーションと非言語コミュニケーション

コミュニケーションを、用いる手段によって分類すると、言語コミュニケーションと非言語コミュニケーションに分けることができます。非言語コミュニケーションとは、言語以外の話し方や表情、身ぶり・手ぶりなどを用いたコミュニケーションのことです。コミュニケーションにおいて、ときとして矛盾したメッセージが伝えられる場合があります。たとえば、下のような謝罪記者会見で、言葉では「すみませんでした」と謝罪を口にしているにもかかわらず声や表情などの表現のしかたが尊大な場合、メッセージの受信者は、本当に謝罪の気持ちがあるのかと疑問を抱きます。

アメリカの社会心理学者アルバート・メラビアンは、相手に感情（好意・嫌悪）を伝えるとき「言葉」「声の調子」「表情」の三つの要素が矛盾したメッセージを伝える場合、どの要素が最もインパクトを与えるかという実験を行い、右のような結果を得ました。つまり、顔や声による感情表現は、言葉よりも影響が大きいことがわか

> 感情の総計＝
> 　言葉による感情表現
> 　　　　7％
> 　　　　＋
> 　声による感情表現
> 　　　　38％
> 　　　　＋
> 　顔（表情）による感情表現
> 　　　　55％

言葉と表情が不一致　　　　　　言葉と態度が不一致

ります。この結果から，特に感情を伝えるコミュニケーションにおいて，視覚・聴覚などに訴える非言語コミュニケーションはとても大きな位置を占めているといえます。また，効果的なコミュニケーションを行うためには，言葉・声の調子・表情の三つの要素が一致することも大切です。

（3）コミュニケーションスキルのベースとなるもの

① I am OK, You are OK.

精神科医エリック・バーンは，人間関係や人の行動を理解するための理論体系として「交流分析（ＴＡ）」を提唱しました。交流分析は，個性を自由に表現しながら健康で生き生きと周囲との関係をもてるようになることをめざした心理療法の一つですが，治療以外のさまざまな場面でも活用されています。

交流分析では，自己や他者に対する「基本的な構え」を，次の四つに分類しています。

自己否定・他者肯定 I am not OK, You are OK. 私はダメだけど，あなたはいいね。	自己肯定・他者肯定 I am OK, You are OK. 私もいいし，あなたもいいね。
自己否定・他者否定 I am not OK, You are not OK. 私もダメだけど，あなたもダメね。	自己肯定・他者否定 I am OK, You are not OK. 私はいいけど，あなたはダメね。

交流分析では，人はみな OK であるという考えを基本とし，他者も自己も受容する "I am OK, You are OK" の関係を大切に考えます。

この「互いに相手を受け入れて尊重しあう関係」は，コミュニケーションの基本となります。ところが，「十人十色」「みんな違ってみんないい」という言葉を理解し，人は一人ひとり違うとわかっていても，「普通は…」とか，「常識的にみて…」という一般的なものさしや自分の価値観で，人を責めたり否定したりしてしまうこともまたよくあることです。

クラスにはさまざまな個性をもった子どもがいます。特別な支援が必要な子どもたちもいます。特別な支援が必要な子どもたちは，がんばってもできない苦手なところがあるために「怠けている」と誤解されたり，場面を読みにくいために「わがままで自己中心的」「風変わり」と誤解されることがあります。そのためいじめやからかいの対象になりやすく，頭痛・腹痛などの身体症状や登校しぶり・不

基本的な構え
自己や他者，人生に対する基本的な態度あるいはそれに基づく自己像や他者像をいう。交流分析では，この基本的な構えは，乳児期の母親との交流に始まり，幼児期までに親からどのようなストロークをどの程度受けたかによって大部分が決まるとしている。

登校などの二次症状を引き起こしてしまうこともよくあります。
　クラスの子どもたちに，特別な支援が必要な子どもに対する理解とかかわりを促し，どのようにかかわってほしいかを先生から話すことが必要になりますが，その際に次のようなことに留意していただきたいと思います。

1．誰にでも得意なところ苦手なところがあり，できないことは恥ずかしいことではないことを伝える。
2．その子はどんなことが苦手かを話す（診断名は安易に話さない）。
3．その子がどういう気持ちで，どうがんばっているかを話す。
4．先生の気持ちを伝え，クラスの友達の応援をお願いする。

　先生がその子にどう対応しているかが，クラスの児童たちの手本になっていきます。また，先生が一つひとつかかわり方を指示するのではなく，クラスの子どもたちが「こんなときはどうすればよいのか」を考えて実行できるようになることが望ましいでしょう。
　本来は，「特別な支援が必要な子」とそうでない子の区別があるわけではありません。発達障害などの診断名があるから特別な支援をするというのではなく，クラス全員が一人ひとりのニーズに応じて互いに助けあいサポートしあえる関係にあるのがいちばんなのです。自分との違いを否定するのではなく認めあうこと，できないことを責めるのではなく助けあい，補いあうこと…そういった「共生の心」をもつことが，コミュニケーションの基本として大切だと考えます。

②言葉が雰囲気をつくる

　共有する場の雰囲気をつくる上で大事なのは，はじめの声かけです。もっともわかりやすいのは「あいさつ」で，これが気持ちよくできることによって，共有する場の雰囲気はよくなります。また，「ふわっと言葉」も共有する場をあたたかい雰囲気にしていくことに役立ちます。逆に，あいさつがなかったり，きちんと伝わらないあいさつやチクッと言葉を用いたりすると，共有している場の雰囲気を悪くし，円滑なコミュニケーションにはつながりません。

③伝える・伝わる言い方

　伝えたいことや伝えたい気持ちがあっても，相手に伝わる言い方をしないと，互いに不満が高まっていきます。わかりたいのにわからない葛藤や伝えたいのに伝えられない葛藤が生まれ，共有する場

二次症状
子どもの困難さを周囲が理解できず，対応が不十分であったり，誤っていたりしたとき，本来抱えている困難さとは別の二次的な情緒や行動の問題が出てしまうことをいう。

➡ P170〜コラム参照。
発達障害の特性を配慮した上での，対象の子どもへの対応のしかたや，どのようにしてクラスの子どもたちの理解を得，支えあうクラスにしていけばよいかなど，事例に沿って紹介しています。

あいさつ
➡ P53〜参照。
ふわっと言葉・チクッと言葉
➡ P78〜参照。

の雰囲気を悪くしていきます。言葉を表出させる体験を多く積み上げ，その中でどのように言えば伝わるのかを意識させます。そして，伝えたいいちばん重要なことは何なのか，どのような順番で言うとよいのかを考えて話すなど，伝え方のスキルの獲得をめざします。

　また，伝える・伝わる言い方にはメタ認知もかかわってきます。自分は相手に伝わる言い方をしているか，相手の反応や感情を確認しながら話しているかをモニターできなければ，一方的なコミュニケーションとなり，場を共有することにはならないでしょう。

④受けとめて主張する言い方

　場を共有していても，自分の主張だけをする，あるいは相手の言うことを受けとめてばかりいるのでは，一方通行になってしまい，コミュニケーションは成立しません。場を共有した者どうしが，相手を受けとめ，自分の考えを主張する，つまりアサーティブな表現が介在することが大切なのです。

> アサーティブな表現
> ➡ P86・87 参照。

　相手が言ったことに対して，批判のみする，無視する，まったく違うことを言うなど相手の否定をするのではなく，「そうなんだ」「あなたはそう考えるんだね」など，相手の考えに対してまず受けとめる言葉を返します。そして，自分の考えを伝え，また相手は新しく伝えられたことを受けとめ，考えを伝える……，このようなアサーティブな表現をすることによって，気持ちよくコミュニケーションが展開していきます。アサーティブな表現は，さまざまな場面でのコミュニケーションスキルの基本といえます。

　コミュニケーションスキルは，考え，学び，獲得し，日々の生活において確認していくことで自分のものとなり定着していきます。本節では，スキルが必要とされる場面という側面から，以下の六つに分けてコミュニケーションスキルを育てる方法について考えていきます。
- 伝え方・聞き方
- 誘い方・頼み方・断り方
- 助けの求め方・協力のしかた
- 質問のしかた・提案のしかた
- ほめ方
- 相手を尊重する・配慮のしかた・共感する

伝え方・聞き方

（1）「相手のことを考えながら伝えよう」－伝え方

　相手に何かを「伝える」ときに大切なのは，相手を尊重し，相手に配慮することです。一方的に自分の伝えたいことだけを話すのではなく，相手の反応や返答を待って，伝わっているかを確認しながら話します。また，相手の表情や声の調子などから，「どう思っているか」「どう感じたか」を推測することも大切です。そうすることで，相手に伝わっていないまま話し続けたり，相手の感情を害したまま話し続けたりすることが避けられます。

　言葉のキャッチボールが弾む双方向のコミュニケーションとするには，どのような伝え方をすればよいかを考えさせましょう。後のページで説明するコミュニケーションスキルにおいて，以下の基本となるスキルを組みあわせて用いられるようにしていきます。

> **伝えるスキルの基本**
> 〈言語コミュニケーション〉
> ・場と相手に合わせた言葉遣いをする。
> ・伝えたいことを整理し，いちばん伝えたいことは何なのか，何から話せばよいか，順番を考えながら伝える。
> ・5W1Hでわかりやすく伝える。
> ・自分の伝えたいことが伝わっているか，確認しながら話す。
> 〈非言語コミュニケーション〉
> ・表情（どんな気持ちを伝えたいかによって表情を使い分ける）
> ・姿勢
> ・声の調子（相手・場の状況・伝える内容に合っていること）
> ・身ぶり手ぶり
> ・態度（誰とコミュニケーションをとりたいかを表すような態度であること）
> ・声の大きさ（伝わる大きさ，場に合った大きさであること）
> ・相手との距離のとり方
> ※上記の項目は，伝える内容や相手との関係によって違うことを理解させる。たとえば「謝る」「お礼を言う」などの場合は，相手に近づき，いったん相手の目を見て真剣な態度で伝える…など。

5W1H
いつ(When)，誰が(Who)，どこで(Where)，何を(What)，なぜ(Why)，どのように(How) の六つの要素。
物事を正確に伝えるためには，文章にこの六つの要素を入れるよう意識するとよいといわれる。

発達障害をもつ子どもとのコミュニケーション
　発達障害をもっている子どもたちの中には，その特性から，コミュニケーションを苦手とする子どもがいる。
　たとえば広汎性発達障害（PDD）の子どもは，言ってはいけないことを「本当のことだから」と言ってしまったり，表面上の言葉に大きく作用されがちなために皮肉や冗談で言われたことが理解できず字義どおり受けとめてしまったりといったことでコミュニケーションがうまくとれないことがある。
　このような特性に配慮した伝え方・聞き方をする必要がある。

(2)「聞いてくれるとうれしいな」－聞き方

　コミュニケーションスキルというと,「話し方」のスキルに目が向きがちですが, 聞くことも大切です。上手な聞き方は, 話し手の話し方にも影響を与えます。また, しっかりと相手の話を聞くということは, 気持ちや考えを理解するとともに, 相手の存在を認め, 信頼感をもってかかわろうとする姿勢を示すことにもなります。

　話を聞くときに大切な以下のようなスキルをクラスで確認しましょう。そして, 話を聞くときのクラスでのルールなどを決めて教室に掲示し, いつも意識できるようにするとよいでしょう。

> **話を聞くときのスキル**
> 〈授業・友達との会話・班での話し合いでは…〉
> ●話している人の顔を見る。
> 　目を見るのが恥ずかしいときは, 眉の間や口元を見るとよい。
> ●うなずきながら聞く。
> 　おもしろいと思ったところ, 自分もそうだと思ったところで。
> ●相手の話を途中でさえぎらないで, 最後まで聞く。
> ●適切なタイミングで質問をする。
> 〈上記に加えて, 友達との会話・班での話し合いでは…〉
> ●ほほえみながら聞く。
> ●相づちを打つ（うんうん, へー, すごい, そうなんだ, なるほど！）。

こんな活動をしてみよう　～インタビュー名人になろう～

① 4～5人のグループに分かれ, グループ内で相談して友達に聞きたいテーマを三つ選ぶ。

② 話を聞くときのスキル（上記）を確認して, 先生が児童を相手にインタビューのしかたを実演して見せる。

③ インタビューする人を決め, グループの一人に①で決めたテーマについてインタビューする。「Aさんにお聞きします。Aさんの好きなアニメは何ですか」。インタビューしている人とそれを聞いている人は, うなずいたり相づちを打ったりすることとする。ときどきほかの人から話をもっと引き出す質問を入れてもらう。「Bさん, 何か質問はありますか？」

④ 終わったら拍手をし, インタビューする人とされる人を交代し, 全員ができたら終了。最後にクラスで感想を聞く。

インタビューのテーマテーマを決めやすいように, いくつか例を示しておいてもよい。
・好きな本やマンガとその理由
・今週みたテレビ番組でおもしろかったもの
・好きなスポーツ
・好きな給食のメニューなど
「さいころ」や「すごろく」を使ってインタビューのテーマを決める方法もある。

ソーシャルスキルワークでは、

〈伝え方・聞き方〉

ソーシャルスキルワーク ステップ2-⑦

ステップ2-⑦
ワーク①　じょうずな　話しかけかたを　かんがえよう

◆こんな　とき、なんて　いうと　いいかな？　□に書こう。

なかまに　入れて　ほしい　とき

〈れい〉
たのしそうだね。
わたしも　なかまに
入れて。

⑦本を　かして　ほしい　とき

- 1・2年生を対象に、友達にどんな話しかけ方をすればよいかを学ぶワークです。
- ワークではこの後、スムーズな会話を続けるための相づちの打ち方、受け答えのしかたについても学習します。
- ワークの場面などをロールプレイすることで、気持ちのよい話し方や聞き方のバリエーションを増やしていきます。

ソーシャルスキルワーク ステップ1-⑧

ステップ1-⑧
ワーク②　じょうずな　へんじで　はなしも　はずむ！

◆ともだちの　はなしを　よく　きいて　へんじを　して　いる　ほうに、○を　つけましょう。

① 「きのうは　すごい　あめだったね。」
　□「うん、すごかったね。」
　□「きょうの　きゅうしょく　なにかな。」

② 「こうていで　あそべるかな？」
　□「かみなりも　すごかったね。」
　□「どうかなあ。かわいてると　いいな。」

③ 「サッカー　しようと　おもってるんだ。」

- 「きちんと聞く」とはどういうことか、具体的なスキルを学習します。
- 相手の話をよく聞いて、受け答えをすることが会話を弾ませることに気づかせます。

誘い方・頼み方・断り方

（1）「いっしょに遊ぼうよ」－誘い方

　友達を「自分から誘う子」と、「誘われるのを待っている子」が決まってきていませんか？引っ込み思案な子は、「断られたらどうしよう、嫌な顔をされたらどうしよう」という不安感をもっていて、なかなか自分から声をかけることができません。友達を誘うときに気をつけることを確認し、下のようなゲームを通して実際に誘う練習をしてみましょう。この練習は低学年を対象とします。

> **友達を誘うときのスキル**
> 1．相手に近づいて、「ねえ」などと呼びかける。
> 2．相手の方を見て、笑顔で「いっしょに○○して遊ぼう」と言う。
> 〈気をつけること〉
> ・命令口調やえらそうな態度はしない。
> ・友達といっしょにいるときは、一人だけ仲間はずれにしたりせずみんなに声をかける。
> ・断られることがあっても怒らない。

遊び
誘う遊びは、子どもたちの間ではやっているものでよいことを説明する。
・キックベース
・Sけん
・鬼ごっこ
・大縄とび
・ドッジボール　など

こんな活動をしてみよう　～遊びに誘おう～

①クラスを二つか四つのグループに分ける。
②グループ対グループで、「昼休みの遊びに相手のグループの人を誘う」場面のゲームをすることを説明する。上記の「友達を誘うときのスキル」を黒板などに書いて確認し、先生が誘う役になり友達役の児童を誘うところを見本としてやって見せる。
③グループごとに番号を書いたカードを一人1枚配り、誘うグループは相手グループの同じ番号の人を誘うこととする。
④何の遊びに誘うかグループで話し合う。
⑤先生はランダムに番号を読み上げ、呼ばれた番号の人は同じ番号の人のところまで行って「○○して遊ぼう」と声をかける。誘われた人は「いいよ」と言って相手グループのところまでいっしょに行く。
⑥全員終わったら、誘うグループと誘われるグループを交代する。

（2）「気持ちのよい頼み方は？」－頼み方

①命令ではなく，心をこめてお願いしよう

　誰かにお願いするときや自分の要望を伝えるときは，どんなふうにするとよいのでしょうか。相手の状況や立場を考えずに頼んだり，横柄な口調で言ったりすると，相手を不快にし，自分の印象もマイナスにしてしまいます。

　頼むときに気をつけたいことを確認した上で，「道具の後片づけを手伝ってもらう」（P157『ソーシャルスキルワーク』参照）「重い物をいっしょに運んでもらう」などの場面での頼み方をロールプレイで練習してみましょう。

> **何かを頼むときのスキル**
> 1．相手の状況を考えて頼む。
> 2．命令ではなく，心をこめてお願いする。
> 3．丁寧な言葉で頼む。「○○してくれない？」
> 4．相手が嫌がっている様子のときは，無理に押しつけない。
>   ・忙しそうに何かしている。何かしようとしている。
>   ・「う〜ん」と何か言いたいけれど，言えずに口ごもっている。
>   ・困った様子でもじもじしている。
>   ・すぐに返事がない。
> 5．頼みごとが終わった後は，感謝をこめて「ありがとう！」と言う。

頼みごとをするときの配慮
内心では嫌だと思っていても人からの頼みを断れない人もいるので，相手の状況や様子を見て，無理に押しつけないようにする配慮も必要であることを押さえる。

②仲間に入れてもらおう

　仲間に入れてもらうために「入れて」と言うことは大切なスキルです。そのひと言が言えないために友達との関係をうまく築けない子もいるからです。このスキルは低学年のうちにぜひ身につけさせましょう。下記の項目を確認し，4〜5人のグループに分かれて一人ずつ仲間に入れてもらうよう声をかける役になって練習します。

> **仲間に入れてもらうときのスキル**
> 1．みんなに近づいて，みんなの方を向いて大きな声で「入れて」と呼びかける。
> 2．「いいよ」と入れてもらったら，笑顔で「ありがとう」と言う。
> 3．断られたときはできるだけ理由を聞いて，「じゃあ，また今度入れてね」と言って，ほかのグループを探す。

「入れて」の練習
・仲間に入れてと頼む役を決める方法は，P154「遊びに誘おう」のように，番号を書いたカードを利用してもよい。
・教室の中で練習した後，体育館などの広い場所で実際に遊んでいるグループ（縄とび，ボール投げなど）に入れてもらう練習をする方法もある。

（3）「どうやって断ろうかな？」―断り方

①嫌なときは正直にNOと言おう

　本当は断りたいのに，言いづらいばかりにOKしてしまい，後で損をしているような気分になったり，あいまいな態度をとっていたために頼んだほうはOKされたと誤解して関係がこじれたりといったことはよくあることです。嫌なことに対してNOと言うのは，自分を大切にするためにも，相手を尊重するためにも大切なスキルです。相手の気分を害さず，しかもNOの意思をはっきりと伝える言い方として，以下のような方法を確認しましょう。

> **断るときのスキル** 〈例：ゲーム機を貸して，と言われたとき〉
> 1．謝る「ごめんね」――自分が悪くなくてもいったん受け入れる
> 2．理由を言う「今僕，まだクリアしてないから」
> 3．断る「まだキミには貸せないよ」
> 4．代案を示す「クリアしたら貸せるから，もう少し待ってね」
> 5．つけたし（おじいちゃんからのプレゼントだから，大事に使ってね）

②上級生や仲間からの圧力を断るとき

　犯罪など絶対に断らなければならない状況のときは，上のスキルとは異なります。暴力・万引き・喫煙など，してはいけないことを強制されたとき，断るのはとても勇気がいります。断ると自分が仲間はずれにされたり，いじめられたりするのではないかと不安になって，ついやってしまうこともあります。このようなときは毅然とした態度で断ることが大事なことと，必ず先生や親や頼りになる大人に相談したり助けを求めたりするように，ふだんから話しておきましょう。下のような言い方のパターンを示し，状況によってはロールプレイで練習しておくとよいでしょう。

(例) 友達から万引きをしようと誘われたとき
A「あの店でお菓子万引きしようぜ」　B「僕はやらないよ。お店の人にも悪いし，見つかったら警察に連れて行かれるよ」　A「だいじょうぶだよ。絶対ばれないよ」　B「ばれなくてもダメ！お金を出さないんだから，泥棒だよ」　A「弱虫だなあ…こわいんだろ」　B「そんなこと言われても，絶対にやらないよ」（このようにはっきり言うことで，自分でも強い意志を再確認する）

ソーシャルスキルワークでは、

〈誘い方・頼み方・断り方〉

ソーシャルスキルワーク ステップ5-⑦

● 何かを頼むときには,「相手の状況を考える」「丁寧な言い方をする」「終わったらお礼を言う」ことが大切であることを確認します。

● 無理な頼みごとを断るには,どんな言い方をすればよいか考えます。

以下のワークでも,「頼み方」や「断り方」の学習ができます。
→ステップ3-③表現の不思議
→ステップ3-⑦助けの求め方
→ステップ4-③表現の不思議
→ステップ5-③言葉と表現

助けの求め方・協力のしかた

(1)「ピンチのときは」－助けの求め方

①助けてあげよう！助けてもらおう！

　困った状況に置かれたときや自分では解決できないときに、一人で抱え込まないで周囲に助けを求めることは、重要なスキルになります。友達に助けを求める場合でも大人に求める場合でも、次のことが基本となることを確認します。

助けを求めるときのスキル
1. 自分が何で困っているかを相手に伝える。
2. 一人では解決できないので助けてほしいことを伝える。
3. 相手に何をしてほしいのかを具体的に伝える。
4. 助けてもらった後に、お礼を言う。

---

②こんなピンチは大人にSOS

　自分で対処できず危険な状態になる可能性のある事がらについては、危機管理の面からも、大人に助けを求めるスキルを身につけておく必要があります。

　次のような場合は大人に助けを求めることと、あわせて誰に、どのような言い方をすればよいかも確認しておきましょう。これ以外にも、トラブルにあったときにどのように対処するかは学校でマニュアルをつくって徹底しておく必要があります。

※学校外でのトラブルに関するマニュアルをすでに学校で作成されている場合は、それに準じた指導をしてください。

外出先で迷子になったときや財布を落としたとき

　道がわからなくなったときは、あせらず信頼できそうな近くの大人の人（子連れの人・近所のお店の人など）に声をかけて教えてもらいます。また、家族の連絡先はいつも携帯しておくよう指導しておきます。

「すみません。迷子になりました。○○へ行く道を教えてください。」
「道がわからなくなったので家に連絡したいのですが、電話を貸してもらえませんか。」
「財布を落としたので、交番の場所を教えてください。」

知らない人にどこかへ行こうと言われたとき

　外では一人で遊ばないこと，知らない人には誘われても決してついていかないこと，名前や住所を聞かれても教えないこと，これらは日頃からよく確認しておきます。無理やり連れ去られそうになったときは，防犯ブザーがあれば鳴らして，大声で叫び，近所のお店や家に飛び込んで助けを求めるよう指導します。

「すみません。知らない人に誘われて困っています。助けてください。」

交通事故にあったとき（自分がよそ見をしていた，怪我はないから平気と思った場合）

　車にぶつけられた場合は，そのときは怪我をしていないように思えても，後で痛みが出てくることがあることを教えておきます。たとえ運転者が「だいじょうぶだ」と言っても，近くにいる大人に頼んで家の人と警察に連絡してもらうこと，警察の人が来るまでいっしょにいてもらうこと，また「病院に行くから車に乗って」と言われても，乗らずに警察の人が来るのを待つことを確認します。

「すみません。今，車にぶつけられました。怪我はないように見えますが，警察を呼んでください。それから，母に連絡したいので＊＊＊に連絡してください。」

家や学校などで暴力を受けている

　暴力を受けている子どもは，「恥ずかしい」「自分が悪い子だから…」と受けとめて，人に話そうとしないで一人でつらい気持ちを抱えていることが多くあります。暴力を受けている側が悪いということは決してないことを伝え，家で暴力をふるわれている場合は担任の先生や話しやすい先生に，学校で暴力をふるわれている場合は先生や親に打ち明けるよう指導しましょう。

（2）「いっしょにするといいね」－協力のしかた

　学校生活では集団行動が基本となるため，日常的な活動から行事まで，協力することを求められる場面がたくさんあります。いろいろな場面で，力を合わせて何かをすると，楽しい・早くできる・よいものができると実感できることが大切です。そして「なぜ協力しあうことが大切なのか」という意義を子どもたちに理解させ，集団の中で求められている適切な態度や行動について考えていきます。

次のような態度が協力の基本であることを押さえましょう。
- 決まったことには従う。
- 自分の役割を積極的に果たす。

　協力して活動すべき場面でも，自分の役割がわからず，ぼうっと立っているだけの子もいます。かえってほかの児童のじゃまになっていても気がつかないこともあります。掃除，家庭科の調理，理科の実験などを行うときに，全体の活動が一目でわかる一覧表をつくってみましょう。各自に，自分の役割のところにマーカーなどで印をつけさせます。その表に従って活動することで，全体の動きと自分の役割がわかり，各自が自分の役割をこなさなければ活動が滞ることを理解することができます。

　また，実際に協力することが必要な場面では，次のようなスキルが必要になります。
- 相手の表情や言葉に気を配り，息を合わせる。
- 責めあわないで，励ましあい助けあう。

　これらの力をつけるためには，相手の様子や表情を見ながらタイミングを合わせたり，互いの長所や弱点を理解した上で助けあう"調整力"を必要とする「大縄とび」や「ムカデ競走」などの活動を取り入れるのも有効です。

こんな活動をしてみよう
〜スマイルリレー・アイコンタクトリレー・握手リレー〜

　コミュニケーションのときに，相手のどこに注目すればよいかがよくわからないために，笑顔ができなかったり，視線を合わせられなかったりする子がいます。協力することが必要な活動の導入などとして，次のようなゲームをしてみましょう。視線を合わせたり笑顔をおくったりする練習になります。

① グループに分かれ，輪になるか，一列に並ぶ。
② 隣の人か後ろの人に，「視線」「まばたき」「笑顔」「握手」などをリレーで送る。いちばん早く最後の人まで送れたグループを勝ちとする。

ソーシャルスキルワークでは

〈助けの求め方・協力のしかた〉

ソーシャルスキルワーク ステップ6-⑦

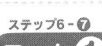

- 困難な状況に直面し，自分だけでは解決できないと思ったとき，ほかの人の力をどのように借りればよいかを考えるためのワークです。

- 上手に助けを求めることが，自己防衛力を高めることにつながることを理解させます。

→ステップ3-⑦でも，「助けの求め方」の学習ができます。

ソーシャルスキルワーク ステップ3-⑧

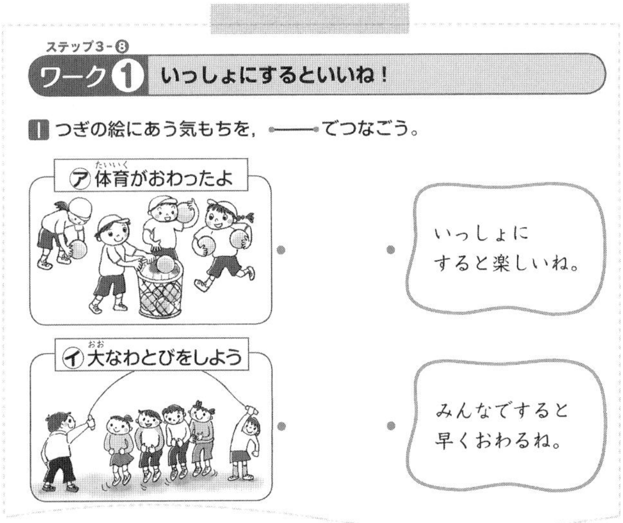

- 友達と協力して物事に取り組むと，どんなよいことがあるのかを確認します。

- それぞれの場面で，自分だったらどんな態度をとるか，何に気をつけるかも考えさせるとよいでしょう。

質問のしかた・提案のしかた

（1）「よい質問ですね！」－質問のしかた

①勇気を出して質問しよう

　人の話している内容がわからないときや、もっと詳しく知りたいなと思ったとき、「質問したい」と思っても勇気が出せずそのままにしてしまうことがあります。「場の雰囲気をこわしてしまうのではないか」「こんなこと聞いて笑われないか」「話を聞いていなかった、と叱られるのではないか」などの心配があるようです。

　しかし、「聞くは一時(いっとき)の恥、聞かぬは一生の恥」ということわざがあるように、わからないことをそのままにせず、上手な質問をすることによって問題解決を図るのは大切なスキルであることを伝え、下のようなスキルを確認しましょう。

質問するときのスキルとマナー

1．質問は人の話を聞き終えてからする。
　「何か質問はありませんか」と尋ねられたときや、話が一段落したときに「質問してもいいですか」と許可を得てから質問する。

2．場と相手に合った言葉遣いをする。
　知らない人や年上の人には丁寧な言葉遣いで質問する。

3．質問される相手の気持ちを考える。
　・質問されたら嫌だろうなと思うことは聞かない。
　・いきなりプライベートに関することを聞かない（相手との関係がある程度できてから質問する）。
　・その場や議題・話題にまったく関係ないことを聞かない。

---

②クラスで話し合ってみよう

●質問しないでいて後で困った経験や後悔した経験について
（例）・集合時間をうろ覚えだったけれど、「まあいいか」と確認し直さずに行ったら、誰もいなかった。

●人に質問されて嫌だった経験について
（例）・一生懸命話した後、ぜんぜん関係ないことを質問された。
　　　・ないしょにしておきたかったことを聞かれた。

(2)「こうしてみない？」－提案のしかた

①アドバイスするとき

　友達にアドバイスするときは、マイナスの点を指摘して「こうしたほうがいいよ」と言う場合が多いため、言い方によっては相手を嫌な気持ちにさせてしまいます。適切なアドバイスのしかたを身につけさせましょう。アドバイスをしあえるような関係を築いていることが前提であり、相手との関係や場を考えた上でアドバイスすべきであることを押さえておきましょう。

> **アドバイスするときのスキル**
> 1．自分の意見を押しつけない。
> 「自分のときは、〜してみたらうまくいったよ」という言い方をするとよい。
> 2．相手を傷つけるようなことは話題にしない、傷つける言い方をしない。
> 3．みんなの前で言われると恥ずかしいことは、二人きりのときに言う。
> 4．アドバイスの後、フォローをする。
> よくなったことを評価するなど。

②学級会などの話し合いの場での提案

　話し合いの場では、自分の案も伝わり、話し合いもまとまるように提案するスキルを身につけさせる必要があります。

> **提案するときのスキル**
> 1．理由をきちんとわかるように説明する。
> 2．ほかの人の意見も、よいと思う部分は取り入れる。
> 3．提案に反対のときは、文句だけを言うのではなく、代わりの案を提示する。
> 4．意見が分かれたときは、それぞれの立場の人がなるべく納得できるような方法を考え、提案する。

　学級会での話し合いでは、一人ひとりの思いや願いが提案に反映され、「みんなで話し合って達成した・解決した」という満足感が味わえることを大切にします。

> 意見が分かれた場合すぐに多数決で結論を出すのではなく、少数派の意見の中にも取り入れられる要素がないかを検討する方向で話し合いが進められるようにする。このことが尊重しあう関係につながる。

ソーシャルスキルワークでは

〈質問のしかた・提案のしかた〉

ソーシャルスキルワーク ステップ4-⑦

ステップ4-⑦
ワーク①　こんな質問はマナーいはんだよ

◆ 質問したら、相手の人がおこったりこまったりしたよ。どうしてかな？——てつなごう。

（ア）「この問題がわかる人は手をあげて。」／「先生、今日の給食、何？」　　・　　・「きかれたくないことをきいているから。」

（イ）「こんにちは。」／「だれ？」　　・　　・「かんけいのないことをきいているから。」

● 相手を不快にさせるマナー違反の質問について考えることで、質問するときはタイミングや言葉遣いなどに気をつけなければならないことに気づかせます。

ソーシャルスキルワーク ステップ4-⑧

ステップ4-⑧
ワーク②　みんなで考えるときは、どうするの？

１ みんなでクラスのレクリエーションについて考えを話しているよ。よいと思う人に○をつけよう。

□（ア）「みんなが知っているドッジボールはどうかな。人数も気にしなくていいし。」

□（イ）「じゅんた君がドッジボールって言うし、ドッジボールがいいね。」

□（ウ）「おやつ作りがしたい。おやつ作りしかやりたくない。」

□（エ）「えっ。ドッジボールあきたよ。おやつ作りもつまらないと思う。」

● クラスの話し合いの場面での発言例から、よいところ・よくないところを考え、提案するときに気をつけるべきことを確認します。

ほめ方

ほめ上手になろう

「ほめる」ことは，人とのかかわりを円滑にしたり深めたりするためには重要なコミュニケーションの一つです。ほめられると，ほかの人から認められているという「うれしく誇らしい気持ち」になり，自信にもつながります。子どもたちにとっても，「できていないところを指摘しあう」よりも，「できているところを認めあい，ほめあう」ほうが，よい友人関係が形成され，自己肯定感も高まって，クラス内によい雰囲気が生まれます。

ほめるにもスキルが必要です。感じのよいほめ方・ほめられ方の基本として，下のような項目を確認しましょう。「ほめ上手」「ほめられ上手」になって，あたたかくうれしい気持ちになるコミュニケーションをめざします。

ほめるときのスキル

1. 自分がほめられてうれしかったことを思い出し，友達をほめる。
2. 嫌みにならない言い方・表情で，さりげなく言う。
3. 気づいたとき，タイミングよくほめる。
　「いいね！」「さすが」「やったね！」「すごいね」など
4. ほめられたときは，照れてよそを向くのではなく，表情や言葉に素直に喜びを表す。
　「ありがとう」と言う，にっこり笑う，うなずく　など

こんな活動をしてみよう　〜ほめっこジャンケン〜

①近くにいる人と2人一組になり，ジャンケンをする。

②負けたほうが勝ったほうのよいところをほめる（例：「○○ちゃんは本読みが上手だね」）。ほめられた人は，ガッツポーズをしたり，「ありがとう！」と言ったり，自分らしくリアクションする（先生が最初に実演して見せてから始める）。

③相手をかえてくり返し，制限時間内でできるだけ多くの人とジャンケンをする。

※クラスの状況に応じて，勝った人どうしがジャンケンをし，最後の一人になるまでくり返す方法で行ってもよい。負けた人は応援する。

ソーシャルスキルワークでは、

〈ほめ方〉

ソーシャルスキルワーク ステップ5-⑧

ワーク①　そのほめ言葉で、だいじょうぶ？

◆ 友達からほめられたよ。それぞれどんな気持ちになるかな？ □に書いてみよう。

⑦　字がきれい……。
- きれいな字で、読みやすかったよ。
- あなたでも字はきれいに書けるんだね。

⑦　新しい筆箱かっこいいなあ。
- そんなかっこいいの買うなんて、めずらしいね。
- かっこいいね。いいの見つけたね。

ワーク②　見つけたよ！　君のいいところ

① 今までどんなことで、ほめられたことがあるかな？ 思い出して書いてみよう。

- いつ？
- だれに？
- どんなことをほめられた？
- そのときの気持ちは？

● 言われるほうの気持ちを考えることで、どんな言葉や態度でほめるとよいかを考えます。

●「あっ、いいな。」と思ったことを素直に口にすることもほめることだと気づき、自分も誰かに言ってみようと思うきっかけとなります。

● 自分がほめられてうれしかった経験を振り返り、自分は友達のどんなところをほめてあげたらよいのかを考えることにつなげます。

相手を尊重する・配慮のしかた・共感する

(1)「みんな違って，みんないい」－相手を尊重する

　クラスの中には，いろいろな特性・個性をもった仲間がいます。一人ひとり，体つきも顔も声も，考え方も感じ方も違います。自分と違うからといって人を否定したり責めたりするのは許されることではありません。前述したように，一人ひとりの違いを受け入れて，それを大切に尊重しあうことはコミュニケーションの基本であり，自分が人から尊重されることにつながります。「みんな違ってみんないい」という考え方に基づくスキルを，一人ひとりがもつことは，とても大切です。相手を尊重する基本的な姿勢として，下のようなことも確認しておきましょう。

> **相手を尊重する姿勢**
> - 自分の好みとは違うファッションや趣味でも，否定したりけなしたりしない。
> - 容姿のことを悪く言ったり，からかったりしない。
> - 自分とは違う意見や考えでも，批判するのではなく「そういう考え方もあるよね」といったん受けとめてから自分の意見を言う。

→P85「アサーション」参照。

(2)「気配りできる人になろう」－配慮のしかた

①気配りって，あたたかいね！

　気配りとは，周りの人のことを思いやって行動することです。「電車の中で立っているお年寄りに席を譲らない」「公共の場で大声で話す」「転んでいる小さな子がいても見ているだけで手を貸さない」など，周りで困っている人がいても，それに気づかない人が増えてきました。同様に，人に気配りしてもらっていても，それを当たり前と思っていることも多いようです。まず，どんなことが気配りなのかを子どもたちに気づかせることから始めましょう。

気配りの例

家で
・雨が降ってきたら，頼まれていなくても洗濯物を取り込む。

・食後，自分の食器といっしょにほかの人の使った食器も下げる。

学校で
・病気で休んでいた友達に「もうだいじょうぶ？治ってよかったね」と声をかけて，休んでいた間のことを教えてあげる。
・落ちているごみを見つけたら，拾ってごみ箱に捨てる。
・困っている子に「どうしたの？　だいじょうぶ？」と声をかける。
・怪我をしている友達の掃除や荷物運びなどを手伝う。

家や学校以外で
・電車やバスでお年寄りや身体の不自由な人，赤ちゃんを抱いている人に席を譲る。
・後ろから人が来ているときは，ドアを押さえて待つ。
・人と狭い道ですれちがうときなどは，通りやすくなるよう道を譲る。
・自転車で人の横を通り過ぎるときは，スピードを落とす。
・公共の場では静かにする。

②気配りを身につけるために

　状況に合わせた気配りが実践できるようになるために，次のような取り組みをしてみましょう。
1．人に気配りをしてもらって助かったこと・うれしかったことを思い出してクラスで発表しあい，事例を共有する。
2．気配りをしている人を見たという経験を発表しあい，上のような〈気配りの例〉を確認する。
3．事例の中から，学校・家庭・地域などで自分ができそうな気配りを探し，実行してみる（報告の機会を設けてもよい）。

（3）「わかってもらえると，うれしいね」－共感する

　相手の気持ちに寄り添い，いっしょに喜んだり悲しんだりすることは，相手との関係を深くします。また，相手を思いやる感情の豊かさを育み，相手の気持ちを考えることで自分の考えを深めることにもなります。絵本・物語や映画などを題材に「登場人物の気持ちを読み取る」練習をしたり，表情から気持ちを理解する練習をしたりすることで，共感のスキルを高めていきましょう。
　共感したことを相手に伝えることも大切です。相手の気持ちを推量して，「僕（わたし）も○○だよ」という表現を練習しましょう。

※P 169下の『ソーシャルスキルワーク』の場面などで，共感の気持ちをどのように伝えればよいか，考えたり表現させたりしてみましょう。

ソーシャルスキルワークでは

〈相手を尊重する・配慮のしかた・共感する〉

🪙 ソーシャルスキルワーク ステップ6-⑥

- 困った人がいると気づいたときに、実際にどのような行動をとればよいのかを考えます。
- どうすればよいかがわかれば、同じような状況で次回は気配りをしてみようという意欲につながります。

🪙 ソーシャルスキルワーク ステップ6-⑧

- 相手に共感していることを伝えるには、どう言えばよいかを考えるためのワークです。

特別な支援を必要とする子どもと
クラスの子どもたち
～支えあうクラスをめざして

　特別な支援を必要とする子どもがクラスにいるとき，子どもたちが互いを受け入れ尊重しあうあたたかいクラスを作るにはどうすればよいでしょうか？ここでは，発達障害をもつ子どもの特性に配慮した対応の例を紹介します。

◆学習障害（LD）のある子

　学習障害のある子どもは，外見からはわからず，知的遅れもないのですが，「難しい本を読んでいるが，漢字が書けない」「他の教科はよくできるのに，算数だけできない」「目で見ると理解できるのに，聞いただけでは理解できない」というように，認知の偏りにより能力がアンバランスな子がいます。そのため，できることなのにやらないと誤解され，「好きなことしかしない」「努力が足りない」「意欲がない」というような評価や叱責を受け，つらい思いをしていることがあります。

　また，友達からも，「あんな簡単なこともできないなんて怠けている」と非難されたり，「えー，こんなこともできないの？」とからかわれたりすることもあり，本人は自信をなくしていきます。

　ディスレクシア（読み書き障害）の場合を例に，対象の子どもとクラスの子どもへの対応を紹介します。

望ましくない対応の事例

　Aさんは教科書などの活字がぴょんぴょん踊っているように見え，字を読むのが困難です。授業のとき，みんなの前でたどたどしく音読することが苦痛でたまりません。Aさんは，ほかの人もこのように見えていると思い，何べん練習しても読めない自分に対し自信を失ってしまいました。先生からも「ふざけている。練習が足りない」と誤解され，読みの練習が宿題に出されています。
　※ディスレクシアでは，字が踊ったり逃げていったり，行が重なって見えたりすることがあります。

望ましい対応の事例

　Bさんは字を読むのが困難なので，先生は教科書を拡大コピーしたり，一行定規を当てて読むよう指導したりして支援しています。みんなの前で音読するときは，あらかじめ読む箇所を決めて家庭で練習してきてもらい，自信のあるときに指名するようにしています。また，

クラスのみんなには，Bさんは字を読んだり書いたりするのが苦手だけれど，いろいろなやり方を工夫したり家で練習したりしてがんばっていることを伝え，クラス全体で応援しています。

※一行定規：厚紙などに文の一行分の細長い穴をあけてあるシート。文章を読むとき，読みたい行に当てて，ほかの部分は隠すことができる。

◆注意欠陥／多動性障害（ADHD）のある子

ADHDの傾向がある子は，不注意な言動が多く，授業中そわそわして立ち歩いたり，おしゃべりしすぎたりして授業を妨害してしまうこともあります。そのため，先生から注意されることも多くなり，友達からも「またか」と思われて責められることもあります。「認められたい」「ほめられたい」という気持ちがあるのに注意されることが多く，わかってもらえない悔しさやがんばってもできない自分への苛立ちを抱えて，「どうせ僕（わたし）なんか…」と，自己肯定感が低くなりがちです。

ADHDの子どもには，その特性である多動性や多弁を生かしてクラスの中で役割をつくり，みんなの前で「ありがとう」と言われるような場面を設定するようにします。

望ましくない対応の事例

先生は，動き回るCさんの行動をなんとか直そうといつも注意しています。「席に着いて！」「立ち歩かないで！」「座りなさいって言ってるでしょ！」「何べん言わせるの！」「どうしてできないの！ダメって言ってるでしょう」と，言うことを聞かせるために，どんどん強い口調になっていきます。周りの子どもも「またか…」とうんざりしてきて，Cさんに対しても批判的な気持ちが強くなっています。

望ましい対応の事例

先生は，動き回るDさんにうまくできそうな用事を頼みます（校長先生に○○を届けてきて・職員室から△△を持ってきて・みんなにプリントを配って・前に出て先生の助手をして…など）。用事ができたら，「ありがとう！助かったわ」とみんなの前でほめます。動き回れた上，ほめられることで，Dさんの自己肯定感が上がります（みんなの前でほめられたくない子の場合は，あとで二人になってそっとほめます）。

また，Dさんが椅子に座れているときは，動いてから注意するのではなく，動き出す前に「今日はずいぶんがんばっているね」と，できている事実を認めるようにしています。

◆高機能自閉症・アスペルガー症候群のある子

　高機能自閉症の子どもの特徴についてはP50で説明しましたが，自閉症は一人ひとり特性が異なっているので，すべての人にそれらの状態が見られるわけではありません。その子どもの行動や反応を見ながら対応していくことが必要です。ここでは，一つの事例として，音に対して過敏な子どもへの対応について紹介します。

　音に対して過敏な子は，突然鳴る音・苦手な音に耐えられず，耳を塞いだりパニックになったりします。「こんな大したことのない音をがまんできないなんてわがまま」「たくさん聞いて慣れたほうがいい」と誤解されることもあります。

　音に過敏な子はみんなと感じ方が違います。小さな音でも苦痛に感じ，ずっとその音のする中に居続けることは，がまんできないくらいつらいことです。そのことをクラスのみんなに説明し，"自分ががまんできない音"を一人ずつ発表してもらいます（ガラスを爪でこする音・工事中のドリル音…など）。そして，その音の中にずっと居続けるつらさをみんなに想像してもらいましょう。その上で，その子の周りで静かにすること，その子の嫌がる音をなるべく立てないようにすることなど，クラスのみんなに協力をあおぎます。

望ましくない対応の事例

　Eさんは，運動会のピストルの音でパニックになってしまいます。Eさんの小学校では，いつまでも過保護にしているのはよくない，嫌な音にも慣れさせましょう，との考えで，徒競走をピストル音でスタートすることにしました。運動会当日，Eさんはやはりピストル音のために衆目の中でパニックになりました。無理なことを強要する結果になってしまい，Eさんは運動会も学校も嫌がり，不登校になってしまいました。

望ましい対応の事例

　Fさんもピストルの音を聞くとパニックになってしまいます。Fさんの担任の先生は，Fさんが音に過敏なため，徒競走のピストルの音がとても嫌だということをクラスのみんなに説明しました。そして，どうすればよいか，みんなに意見を求めました。

「イヤーマフをすればいい」
「Fちゃんだけイヤーマフをするのは目立ってしまうからみんなでしよう」
「イヤーマフは走りにくいから，それをしなくてもよい方法を考えよう」
「ピストル音が嫌なら，僕たちみんなホイッスルでスタートしよう」
などの意見が出ました。

　当日は，その学年はホイッスルでスタートすることになり，Fさんは友達のサポートを受けながら無事運動会を終えることができました。

　※イヤーマフ：防音保護具の一つ。装着することで周囲の音を低減することができる。

第4章
やってみた！
『ソーシャルスキルワーク』

元東京都新宿区立余丁町小学校教諭　桐蔭横浜大学准教授　**宮津大蔵**

私が
ソーシャルスキルワークを
使おうと思ったわけ

「子どもの規範意識が希薄になってきた」とよく言われています。たしかに目の前にいる子どもたちの言動を観察していますと，以前担任していた子どもたちに比べて公共心，規範意識が年々低くなってきていると感じることがあります。

一方で，「今の子どもたちの"心"が悪くなってしまったのか？」と自問したとき，そうではないだろうとも思います。今も昔も変わらず，ほとんどの子どもたちは，よりよい自分になりたいという前向きな気持ちをもち続けているにちがいないという確信をもっています。では，「現代の子どもたちには何が足りないのか？」または，「何が昔の子どもたちと違ってきているのか？」——私は他人とぎくしゃくせずにうまくやっていく「コミュニケーションスキル」だと思います。急激な社会の変化に伴い，以前は家庭や地域社会で教えていた「他人と円滑につきあっていく術」のようなものを学ぶ機会が圧倒的に少なくなっていることが問題なのだと考えています。"心"ではありません。「教わらなければわからないことを教わる機会がない」ことが問題なのです。

昔の子どもだって，教わっていなければ，その気がなくても公共の場でマナー違反をしてしまったでしょう。

私事で恐縮ですが，私の子どものときの話を少しさせていただきます。私が子ども時代を過ごした地方都市では，並んで待つという習慣がありませんでした。たとえば，バスの停留所では，列を作らず，みなそこかしこで待っています。そして，バスが来ると，みなわらわらと乗車口に集まってきて，なんとなく前にいる者から順に乗り込むのです。信じられないかもしれませんが，本当の話です。昔のことですから，今はどうなっているかわかりません。たぶんほかの所と同じように列を作って，順番に乗り込むルールになっているのではないかと思います。しかし，私が子どもの頃は，そうではありませんでした。私の住んでいた街では，順に列を作って待つというルールはなかったのです。

今でも悔しく思い出すのですが，夏休みを利用して東京に遊びに来たときに，列の後ろに並び順番を守って待つという習慣がなかったために，恥ずかしい思いをしました。親戚一家に遊園地に連れていってもらったときのことです。人気アトラクションには，ゆるやかな列

ができていました。私は当然のように，のんびりしている前の人たちを追い抜かし，空いているスペースに入り込みました。当時の私にはそれがルール違反だという認識はありませんでした。ただ単に，いつもバスに乗るようにしたにすぎませんでした。

そのとき，係員にすごい口調で怒鳴られました。

「こら，そこの坊主。ちゃんと並ばないともう一度後ろに並ばせるぞ！」

私はびっくりしてしまいました。そして，やっと理解したのです。ここではルールが違うことを。しかし，当然のことながら当時の私には，自分には悪気がなかったことを係員に伝えることはできませんでした。多くの人の視線の中，「マナーの悪い子ども」というレッテルを貼られたことの恥ずかしさに唇を噛みしめながら，耐えるしかありませんでした…。

ときには，恥をかきながら学んでいくことも必要でしょう。しかし，悪気はないのに，ルールやマナーを知らないことによって，他人に迷惑をかけたり，自分が傷ついたりすることは回避するほうがよいに決まっています。子どもたちの規範意識が希薄になったと嘆く前に，社会のルールや人とのつきあい方を学ばせることが大切だと思います。

改めて考えてみると，私たちは社会生活の中でさまざまなトラブルに出会います。大人だけではありません。子どもたちが学校生活の中で見舞われる災厄だって相当なものです。

たとえば，全校朝会で整列しているとき，いたずらな奴が後ろから，コチョコチョくすぐったり，蹴飛ばしてきたりします。…後ろを振り向いて小声で「やめろよ。」と言ってもやめてくれません。あまりにしつこいのでとうとうがまんができなくなり後ろを向いて仕返しをします。そのとたん，壇上の校長先生のかみなりが落ちます。

「おい，そこ，何騒いでる！」

結局，二人いっしょに叱られてしまいました…。

よくあるケースだと思いますが，こんな場合どうすれば叱られずにいたずらをやめさせることができたのでしょう。なかなか難しい問題だと思います。

また，こういうのはどうでしょう。

Aという友達がいます。「今日，帰ったら遊ぼう。」と毎日のように誘われます。たまには，別の子と遊びたいと思います。そこで，つい嘘をついてしまいました。「今日は，用事があって遊べないんだ。」「そうか，じゃあ，しかたないね。」…そんなやりとりをして，やれやれ，これで今日はB君と遊べると，ちょっと罪の意識を感じながらもB君と公園で遊び始めました…。と，そのとき，「嘘つき！」という大声が。見るとA君が，向こうの通りに立っています。A君は「今日は用事があるって言ってたじゃないか，嘘つき！」そう叫んで行ってしまいました。

次の日から，A君は口をきいてくれなくなりました。それだけでなく，ほかの友達に「あいつは嘘つきだ。」と言いふらしているようです…。

これもよくあるケースではないでしょうか。いったいどのように言えばA君の感情を害さずに，誘いを断れたのでしょう。また，こじれた関係を修復するにはどうしたらよいのでしょう。

これもなかなか難しい問題だと思います。ほかにも子どもたちはさまざまなトラブルに学校で遭遇しているはずです。もし，これらの難題を解決する方法を学ぶ機会があるとすれば，どんなによいだろうと常日頃から考えていました。

そんなとき，ひょんなことから，『ソーシャルスキルワーク』に目を通す機会を得ました。一読，驚きました。この『ソーシャルスキルワーク』で，本当にこれらのケースの解決方法を学ぶことができるのです。それもマニュアルとして教えるのではなく，自分で解決策やトラブル回避のスキルが身につけられるように工夫されているのです。

また，私の挙げたケース以外にも，幅広く社会性を育てる内容が系統的に取り上げられています。

私がほしかった教材はこれだ！と確信し，どのようにこのワークを授業に取り入れようか計画を練り始めました。

どのように実践したか？

『ソーシャルスキルワーク』の存在を知り，ぜひ，使用したい，学級の子どもたちに力をつけさせたいと考えたものの，どの時間を利用し，どういう手順で学習させるか考え込んでしまいました。悩んだ末，私は，道徳で行うことにしました。道徳の時間に，心情を耕すだけではなく，道徳的実践力を高めたいと思ったからです。

ひと月に1時間，道徳の時間に使用することにして，計画を立てます。

勤務校の道徳の指導計画は，使用している副読本に合わせて全時間計画されているので，「同じ価値内容の読み物資料を精選する」という手段で時間を捻出することにしました。

たとえば，2年生の『ソーシャルスキルワーク』の単元②は，「生活習慣」がテーマです。そこで，道徳副読本の「基本的生活習慣」にかかわる複数の資料から一つを，今までどおり道徳の時間に取り扱います。その他の資料は割愛し，その代わり『ソーシャルスキルワーク』を使って学習するのです。具体的には次のような考え方で指導計画を作成しました。

🔶 ソーシャルスキルワークを使った学習の流れ

1. 道徳の時間に副読本等で心情を育てる。
2. 『ソーシャルスキルワーク』を使って，「では，具体的にはどうすればよいのか（スキル）」を学ぶ。（道徳の時間）
3. 学級活動，各教科・総合的な学習の時間，学校行事等，子どもの生活全般で実践力を評価する。

以上の三つの流れをくり返すことを基本としました。

● 指導計画の例（第2学年「道徳」） ※副読本として『みんなで考える道徳』（日本標準）を使用した場合

月	週	みんなで考える道徳	ソーシャルスキルワーク	ねらい ＊濃いアミかけ部分は小社U-SSTの「育てたい力」です
4	2	1. 二年生になったら		1-(4) 明朗・誠実 自分のことを自分で自主的に解決する態度を伸ばし，明朗な生活ができるようにする。
4	3		1. げんきに あいさつ	2-(1) 礼儀 1. 場に合ったあいさつの言葉を知る。 2. 相手に合ったあいさつの言葉を知る。
4	4	8. あいさつ		2-(1) 礼儀 正しい言葉や，きちんとした態度で，明るく人に接する態度を育てる。
5	2	2.「アンパンマン」たん生！		3-(1) 生命尊重 平和を大切にし，全ての生命を尊重する心を育てるとともに，思いやりの心を持つことの大切さに気づかせる。
5	3	20. 学校の つくえの 中		1-(1) 基本的生活習慣 自分の身の回りを常に整理整とんしようとする態度を育てる。
5	4		2. いっぱい 知ろう！ じぶんの こと	1-(1) 基本的生活習慣 1. 自分の体のことを知る。 2. 自分の生活をふりかえる。 3. 実践できる目標を立てる。
6	1	3. ぼくの わたしの じまん大会		1-(2) 勤勉努力 努力し，向上しようとする心情を養う。
6	2	4. くつ		2-(3) 友情 友だちとはいつも仲よく，明るく生活しようとする気持ちを育てる。
6	3	31. はんぶんで いいよ		2-(2) 思いやり 困っている人を見かけたら，手をさしのべて自分にできることを精一杯してあげようとする態度を育てる。
6	4		3. ふわっと ちくっと	2-(2) 思いやり 1. ふわっと言葉とチクッと言葉を知る。 2. ふわっと言葉とチクッと言葉を見分ける。 3. ふわっと言葉とチクッと言葉が相手に与える影響を知る。
7	1	15. かぎの かかった 一りん車ごや		4-(1) 規則の尊重・公徳心 学校生活を気持ちのよいものにするために，自分たちで問題を出し合い，話し合ったり約束を決めようとする態度を育てる。
7	2		4. かおに ちゅうもく！	1-(4) 明朗・誠実 1. 表情にあらわれる気持ちを読み取る。 2. どんなときにどんな表情になるのかを知る。

ソーシャルスキルワークを使った授業の実際

『ソーシャルスキルワーク』を使った授業の実際を紹介します。
ここでは三つの単元について取り上げています。対象は小学校2年生です。

実践1　ステップ2単元③　言葉／表現ーいろいろな言葉
ふわっと　ちくっと

ワークを配布し，名前を書くように指示します。

導入ワーク　◆かくれていることばを見つけてねを拡大コピーして掲示し，作業するように指示します。

ヒントとして，うさぎの言葉「おなじ字を見つけたら，二つとも×をつけよう。なんということばがのこったかな。」を強調します。

全員が作業を終えたことを見届けて，拡大コピーを使って全員で確認します。
「どの字に×をつけた？」
「なんという言葉が残った？」
と問いかけながら，教師が拡大コピーに×をつけていきます。

「すごいね　おめでとう！」の文字が残ることを確認します。

「『すごいね　おめでとう』ってこれまで言われたことがあるかな？」と発問します。

「あるよ。読書感想文コンクールで賞状もらったときに友達が言ってくれた。」

「僕は，剣道の大会で優勝したときに言ってもらった。」…などと口々に言います。

「では，『すごいね　おめでとう』と言われたときに，どんな気持ちになりましたか？」と重ねて問います。

子どもたちは「うれしかった。」「いい気持ちになった。」「なんだか得意な気持ちになった。」などと答えます。

「そうですか。『すごいね　おめでとう』と言われるととてもうれしい気持ちになるのですね。」と確認して，次のページに移ります。

ワーク❶　ふわっとことば　ちくっとことば

「ふわっとことば　ちくっとことば」の定義を説明します。

「『すごいね　おめでとう』のように，言われてうれしくなる言葉，心があたたかくなる言葉を"ふわっとことば"と言うことにしましょう。その逆に，言われると嫌な気持ちになる言葉を"ちくっとことば"と呼ぶことにしましょう。」

と言って，**ワーク❶**の絵の部分を拡大コピーしたものを掲示します。

※「ふわっと言葉」「チクッと言葉」は，『ソーシャルスキルワーク』監修の阿部利彦先生の表現です。児童用の『ソーシャルスキルワーク』には，教科学習への配慮から「ふわっとことば」「ちくっとことば」と表記しています。

「どけよ」を例にとって作業のしかたを説明します。

「『どけよ！』（思いっきり意地悪な口調で）…という言葉は，ふわっと言葉ですか？チクッと言葉ですか？」と問います。

子どもたちは，「チクッと言葉です。」と言います。中には，「チクッとよりももっと傷つく言葉です。ズキッと言葉かもしれない。」などと発言します。

「では，どうして，『どけよ』はチクッと言葉，ズキッと言葉なのですか？」と理由を問います。（＊理由を問うことが大切です。）

「そんなふうに言われたら，嫌な気持ちになるから。」

「『どけよ』なんて言われたら，心が傷ついちゃう。」

などという言葉が返ってきます。「どけよ」をワークの「ちくっとことば」の欄に書くよう指示します。

やり方が確認できたら時間を決めて作業に移ります（慣れてくると５分くらいで書けるようになります）。

●子どもが選んだ「ふわっとことば」「ちくっとことば」

ふわっとことば	ちくっとことば
・がんばって。	・どけよ。
・だいじょうぶ？	・はやくして。
・すごいなあ。	・だめじゃん。

全員が作業し終わったことを確認し，一つ一つの言葉を検討します。

「『がんばって』は，ふわっと言葉ですか？チクッと言葉ですか？ふわっと言葉にした人？（全員が手を挙げる）チクッと言葉にした人？（誰も挙手しない）では，『がんばって』はどうしてふわっと言葉なのですか？わけを教えてください。」

「『がんばって』って言われると，うれしくなって本当にがんばろうって気になれるからです。」…

という具合に，なぜそう判断したのか理由を明確にさせながらすべての言葉について確認します。

ワーク②に移ります。

ワーク❷　ふわっとことばを　えらぼうね

　拡大コピーを掲示します。4場面のうち㋐については，拡大コピーを使って確認のために全員で行います。

```
ステップ2-❸
ワーク❷　ふわっとことばを　えらぼうね

◆ふわっとことばに　○を　つけよう。

㋐　□いっしょに　はこぶよ。
　　□はやく　しろよ。

㋑　□だいじょうぶ？
　　□なに　やってるのよ！

㋒　□どいてよ！
　　□ちょっと　とおして　くれる？

㋓　□へたくそ。
　　□つぎは　がんばろう。
```

「これは，何の絵かな？」ときくと，

「重い荷物を運んでいるところ」などと口々に答えます。

「では，この重い荷物を運んでいる友達に『いっしょにはこぶよ。』と言うのと『はやくしろよ！』（言い方をオーバーにしてみましょう）と言うのでは，どちらがふわっと言葉だと思いますか？」

口々に「いっしょにはこぶよ。」と言います。挙手をしている子がいるので指名すると，

「『いっしょにはこぶよ。』って言われるとうれしくなるけど，『はやくしろよ。』なんて言われると，これすごく重いのにひどいこと言うなって嫌な気持ちになるから。こっちはチクッと言葉。」

と，問われる前に理由が言えるようになってきています。

「そうですね。では，『いっしょにはこぶよ。』に，こんなふうに○をつけましょう。」

と教師が拡大コピーに○をつけます。

「では，同じように残りもやってみましょう。」

と各自作業をさせます。

　全員が作業を終えたら，どちらに○をつけたか確認し，理由をききます。

(**イ**の絵を指して)「この絵はどういう絵ですか？」

「おなかが痛いって言っている絵。そんなときに『だいじょうぶ？』ってやさしく言ってくれたらうれしいから，こっちに○。『なにやってるのよ！』なんて言われたら，この人悪魔？って思っちゃう。」

(**ウ**の絵を指して)「この絵はどういう絵ですか？」

「ドアのそばで友達と話していたら，そこを通る人のじゃまになったところ。『ちょっととおしてくれる？』が○。こんなふうに言われたら『はい，どうぞ，ごめんね。』って素直に言う。でも，『どいてよ！』って言われたらこっちが悪くてもむかつく。」

(**エ**の絵を指して)「次はどうですか？」

「大縄の練習をしているところ。あまりうまくない子がひっかかった。それで『つぎはがんばろう。』ってやさしく言われたら，『ああ，がんばろう。』って思うから○。でも，『へたくそ。』なんて言われたら傷ついちゃう。」

ワーク③に移ります。

ワーク③　ふわっとことばは　うれしいな

拡大コピーを掲示して，状況説明を行います。

「絵をかこうとしたら色鉛筆を忘れちゃってたんだね。上の絵では隣の女の子が『だめじゃん，知らないよ。』(意地悪そうに言う)と言っています。下の絵では隣の女の子は『だいじょうぶ，いっしょにつかおう。』(励ますように言う)と言っています。どちらがふわっと言葉ですか？」

『だいじょうぶ，いっしょにつかおう。』がふわっと言葉であることを確認し，どんな気持ちになるかを自由に書かせます。

▼子どもの解答例

何人かの子どもに発表させます。

「なるほどね。では，今日はふわっと言葉，チクッと言葉について学習しましたが，どんなことを思いましたか？」

「同じことを言うのにも，ふわっと言葉を使うと相手も自分も気持ちがいいし，チクッと言葉を使うと相手も自分も嫌な気持ちになることがわかりました。」

「どうせなら，これからはふわっと言葉かな？って確かめながらふわっと言葉を使って，チクッと言葉を言わないようにしたいと思います。」

などの反応が出ました。

実践2　ステップ2単元⑥　自分に対して－がまんのしかた
いかりを　じょうずに　おさえよう

「今日は，いらいらしたり，怒ったりしないようにするためにはどうしたらよいかという学習をします。みなさんはいらいらすることってありますか？どういうときにいらいらするのか教えてください。」

「しょっちゅういらいらするよ。寝不足だから。」

「妹がうるさくて，テレビの音が聞こえなかったりするといらいらする。」…

「みんなけっこういらいらするんですね。」と言って，導入ページの「いらいらはどのくらいかな？」を拡大コピーしたものを掲示します。

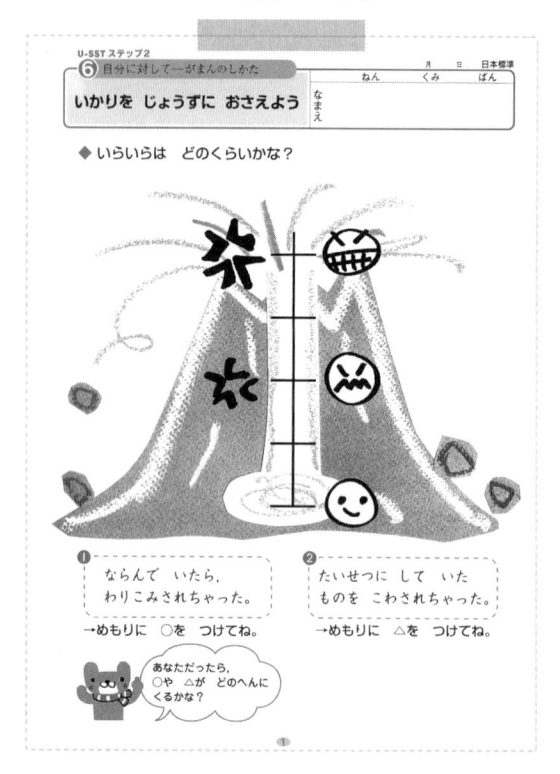

「では，こういうときはいらいらしますか？『ならんでいたら，わりこみされちゃった。』ら？」

「すごくいらいらする。」「いらいらよりももう怒っちゃう。」

「では，わりこみされたときのあなたのいらいら度はどのくらいですか？ちょっといらいら…くらいならこの辺（**いちばん下**）。かなりいらいらする人は，この辺（**真ん中**）。もういらいらを通り越して怒りがドッカーンと爆発する人は，この辺（**いちばん上**）に○をつけてください。」

子どもたちはキャーキャー笑いながら楽しそうに○をつけました。

「では，次はどうですか？あなたが『たいせつにしていたものをこわされちゃった』とき。今度は三角をつけます。ちょっといらっとするくらいの人はこの辺。かなりいらいらする人はこの辺。もう怒りドッカーンの人は（子どもたちは大笑い）この辺に三角をつけましょう。」

「そりゃ大切なものだったらドッカーンでしょ。」などと騒ぎながら子どもたちは三角をつけました。

▼子どもの解答例

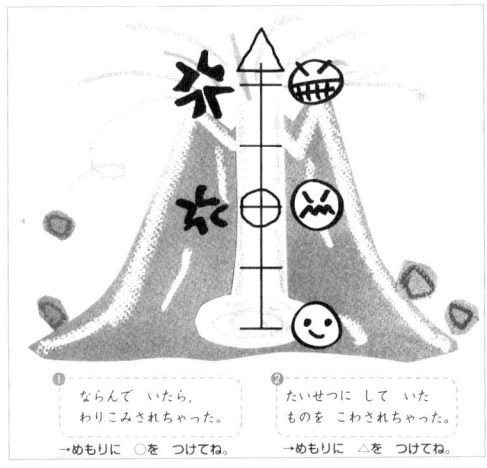

ワーク❶ 「いかり」の 中の いろいろな 気もち

拡大コピーしたものを掲示します。

「あーっ，さっきも出てきた大切なものがこわされちゃったが，また出てきましたね。『だいじなさくひんだよ。やめて!!』って言ってるのに，イエーってからかって友達が返してくれません。こうやっていてこわされちゃったようです。頭にきますよねえ。怒りが爆発しそうです。でも，怒りのほかにも気持ちがあるかもしれません。あなたなら怒りのほかにどんな気持ちになりそうですか？うれしい気持ちの人いますか？」
（えー，そんな人いないよと大騒ぎになる）
「では，悲しいかな？いらいらかな？がっかり？…自分の気持ちといちばん合っているものと線でつないでください。」
（ここで子どもたちから質問が）
「先生。一つだけですか？どれか一つじゃなくて二つの気持ちが混ざってると思うんだけど。」
「この中に自分の気持ちがないんだけど，自分で気持ちを書いていいですか？」
どちらもよいことを伝えて作業をさせます。

全員が作業を終えたことを確認して，どの気持ちを線でつないだかをきいていきます。また，どうしてそんな気持ちになったかを説明させます。

「うれしい」，「たのしい」を選んだ子は一人もいませんでした。私の学級には，こういうときに悪ふざけをしたり，変な目立ちたがりぶりを発揮したりする子はいません。

ほかはすべて選択した子がいました。

- かなしい…「大切な作品がこわされたらとっても悲しいよ。」
- いらいら…「あいつどうしてあんなことするんだろうって，ずっといらいらすると思う。」
- がっかり…「せっかく苦労して作ったのに，あれだけ時間をかけたのにってがっかりすると思う。」
- こまった…「図工の先生にどうしてこわれちゃったのか，どう説明したらいいか困ると思う。」
- くやしい…「せっかく上手にできたのにって悔しいと思う。」
- つらい…「やめてって言っているのに，友達がなかなか返してくれないのはつらいよ。」

なるほど，身につまされる話です。

「怒りのほかにもいろいろな気持ちがありましたね。では，次はどうですか？ある日，友達に言われました。『あんた　めだちたがりできらい。』それを聞いて『えっ，そんな。』って言っていますね。みなさんは友達に悪口を言われたことがありますか。」
ほとんどの子どもがうなずきます。これも切実な話題になりそうです。作業させます。
今回も「うれしい」と「たのしい」を選択した子はいません。

- かなしい…「友達にそんなこと言われたら悲しいよ。」
- いらいら…「仲が良かったのに，どうしてあんなこと言ったんだろうって考えて，きっといらいらする。」
- がっかり…「仲がいいと思っていたのに，そんなこと言われたら友達じゃなかったの？ってがっかりすると思う。」
- こまった…「友達とけんかすると遊ぶ相手がいなくなってしまう。困る。」
- くやしい…「仲がいいと思ってたのに，悪口を言われたらとても悔しいと思う。」
- つらい…「友達に悪口を言われるなんて，とても嫌でつらい。」

　これまた切実な問題であり，子どもたちは，自分のこれまでの経験を思い出しながら思いを語ってくれました。

　私は，ページ下のコメント「『いかり』の中にはいろんな気もちがまじっているんだね。」と「いろんな気もちをあいてにつたえることはだいじだよ。」を強調して**ワーク❷**に移りました。

ワーク❷　おこっちゃうと　どう　なる？

例をもとに作業のしかたを説明します。

「ボールを取ろうと思って，二人ともジャンプしました。そうしたら頭がごつんとぶつかっ

てしまいました。あなたは『なんだよ!!いたいだろ,あやまれよ。』と怒ってしまいました。そういうことある?ぶつかっちゃって自分は謝らずに相手だけ責めるの?(あるあるとの声)相手はこんなふうに思うかもしれない。『ぼくだっていたかった。わざとじゃないのに。』って。」

次に❶の場面を説明します。

「では,次。あまりドッジボール好きじゃない人?(女子を中心に10人手を挙げます)あなたが好きじゃないドッジボールをやらなければいけなくなりました。思った通りすぐに当てられてしまいました。あなたは,『つまんないからやめる!』ってぷりぷり怒って行ってしまいました。ほかの人はどう思ったかな?あなたの考えを書いてください。」

▼❶の子どもの解答例

ボールがあたるゲームなのに,あてられただけでやめるとこまるよー。	なんでよ。あたっただけでどうしてやめちゃうの。	あてた人は「これはこういうあそびなんだからがまんしてよ。」とおもっているとおもう。

　ドッジボールの苦手な子からの共感のコメントがあるかもしれないと思っていましたが,意外なほど,怒ってゲームから抜ける行為を「悪」としていることがわかって興味深く思いました。

　続いて❷の場面を説明します。

「あなたが歩いていたら箱にぶつかってしまいました。ふだん置いてない箱です。あなたは,『なんでこんなところにおくの!!』って怒ってしまいました。周りにいる人たちはどんなことを思ったでしょう。あなたの考えを書いてください。」

▼❷の子どもの解答例

こわっ! もういこうよ,こわいから。	前みないからいけないんでしょ。	少しぐらいぶつかったっていいじゃない!そんなにおこるひつようないのに…。

　この事例に関しては,「こんなことぐらいで怒るのは変だ」と多くの子どもが感じたようです。

　ページをめくって**ワーク③**に進みます。

ワーク❸ 「いかり」の おさえかた

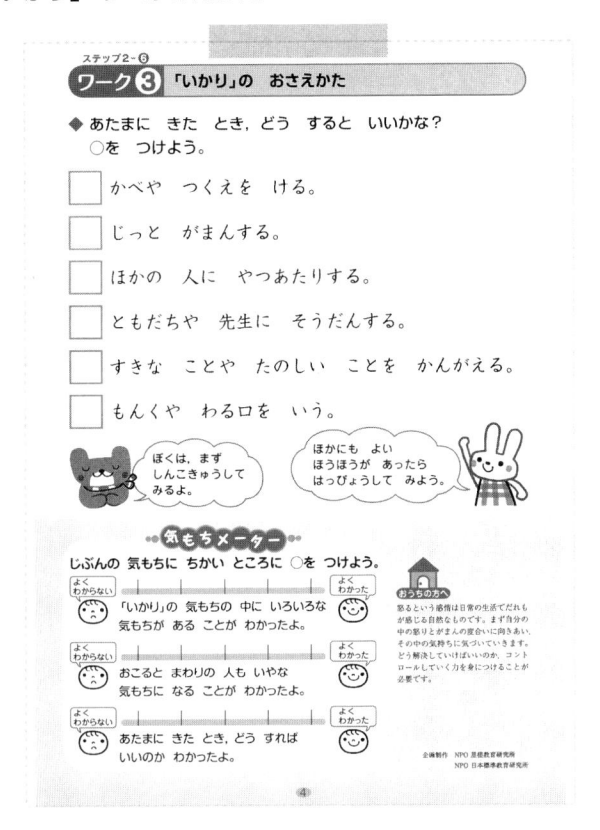

「あたまにきたとき，どうするといいかな？○をつけよう」ということで，自分がよいと思うことに○をつけさせます。

- かべやつくえをける。
- ほかの人にやつあたりする。
- もんくやわる口をいう。

は，誰も選びません。

以前，担任していた子で，母親と風呂場でけんかになり，頭にきてガラス戸を蹴破って救急車で運ばれた子がいたことを思い出しました。キレて自分や他人を傷つける子に育ててはならないとここでも強く思います。

いちばん人気のあるのは，「ともだちや先生にそうだんする。」です。２年生の子どもには，まだ教師は信頼されています。友達に対する期待も高いです。この気持ちを裏切ってはならないと思います。

意見が分かれたのは「じっとがまんする。」と「すきなことやたのしいことをかんがえる。」でした。

「じっとがまんする。」に○をつけた子は多くいました。これまでの彼らの経験からしかた

なく選択してきた回答なのでしょう。まだ,小学２年生なのに,頭にきてもじっとがまんするしかなかった日々があるにちがいありません。いや,むしろ,小さい子どもだからこそ耐え忍ばなければならないことも多いのかもしれません。

「じっとがまんする。」に○をつけなかった子が発言します。

「がまんしていたって損するだけだ。」…

その通り！です。長い人生,これからじっと怒りを抑えなければならない機会は多いでしょう。しかし,この学習を契機に,ただがまんをするのではなく,怒りの原因を解決できるような力をもった人間になってもらいたいと強く願います。

「すきなことやたのしいことをかんがえる。」にも○をつけた子が多くいました。しかし,これにも反対意見が…。

「それじゃあ,ごまかし。何も解決になっていない。」

２年生にしては難しい言い回しをするものですが,みんな言わんとすることはわかるみたいで納得しています。

この設問の終わりには,くまがこう言っています。「ぼくは,まずしんこきゅうしてみるよ。」…いったん落ち着いて,軽はずみな行動をとらないためには有効かもしれません。その隣では,うさぎが「ほかにもよいほうほうがあったらはっぴょうしてみよう。」と言っています。

子どもたちに,何かほかに頭にきたとき,うまく抑える方法はないかきいてみますが,そんなに簡単によい方法は知らないし,思いつかないようです。それはそうです。私だってわかりません。教えることはできません。

とはいうものの,最後の「気もちメーター」には,多くの子が高い評価を記していました。「あたまにきたとき,どうすればいいのかわかったよ。」の「よくわかった」に○をつけている子も多くいました。

たぶん,「友達や先生にそうだん」すればよいとわかったのでしょう。その期待を裏切らない教師でいたいと思います。そして,学級経営の中で,困ったことは何でも相談できる友達関係を築いていきたいと強く願いました。

実践3 ステップ3単元⑦ 相手に対して－助けの求め方
こまったときは？

> **編集部註①**：この単元は，実際は3年生の内容ですが，宮津先生は2年生のクラスで実施されました。このように『ソーシャルスキルワーク』は，内容によっては，学校やクラスの実態に応じて，学年を超えて実施することも可能です。
>
> **編集部註②**：このワークは，宮津先生が実践された後，内容が一部変更になりましたので，実際の紙面とは若干異なります。

導入ワーク あれ？こまっている人がいるよ！

拡大したものを黒板に掲示します。

「この中に困っている人はいますか？見つけたら○をつけましょう。○をつけたら，どんなことで困っているのかお話できるように準備しましょう。」
と言って子どもたちに作業させます。

全員が作業を終えたことを確認し，どれに○をつけたか発表させます。

概ね，妥当なものに○をつけていましたが，中には子ども特有の興味深い反応もありました。子どもの反応でおもしろかったことをいくつか紹介します。

転んでいる人については，思いのほか○をつけた子が少なかったです。

理由をきくと，「転ぶと痛いけど，困るわけではない」との答えが返ってきました。大人

の感覚だと，服は汚れるし，怪我はするし，持っていたものが散らばるし…で相当困ると思うのですが，子どもは違う感覚をもっているらしいのです。

　予想に反して，多くの子が困っていると○をつけたのが，「鉛筆の芯が折れた」という場面でした。

　別に鉛筆を替えるか，鉛筆削りで削ればよいだけの話ではないかと思うのは，大人の感覚らしいのです。子どもたちは授業中に鉛筆の芯が折れることについて相当不自由を感じるようで興味深いことでした。

　それから，おもしろかったのは，電車の中でおばあさんが重い荷物を持って立っているものでした。

　「重い荷物を持っているのに座れないおばあさんはかわいそう。」という反応が多いのですが，「一生懸命ノートパソコンでお仕事をしているのに，隣の女の人のヘッドフォンから音が漏れていて，それでお仕事がうまくいかなくて困っている。」という意見もかなりありました。

　電車の中の音漏れが，彼らの中では重大なマナー違反になっているのです。携帯電話による通話の絵があると，もっと彼らは「困る」と思うのでしょうか。社会の変化によって，マナーに対する意識も変わってくるのが，よくわかっておもしろいと思いました。

ワーク❶　どうしてこまっているのかな？

これは，絵を見て想像させることが重要だと思ったので，設問だけ読んですぐに書かせました。作業終了後，発表させます。子どもの想像は概ね適切であり，一つ一つに共感してみせました。

▼子どもの解答例

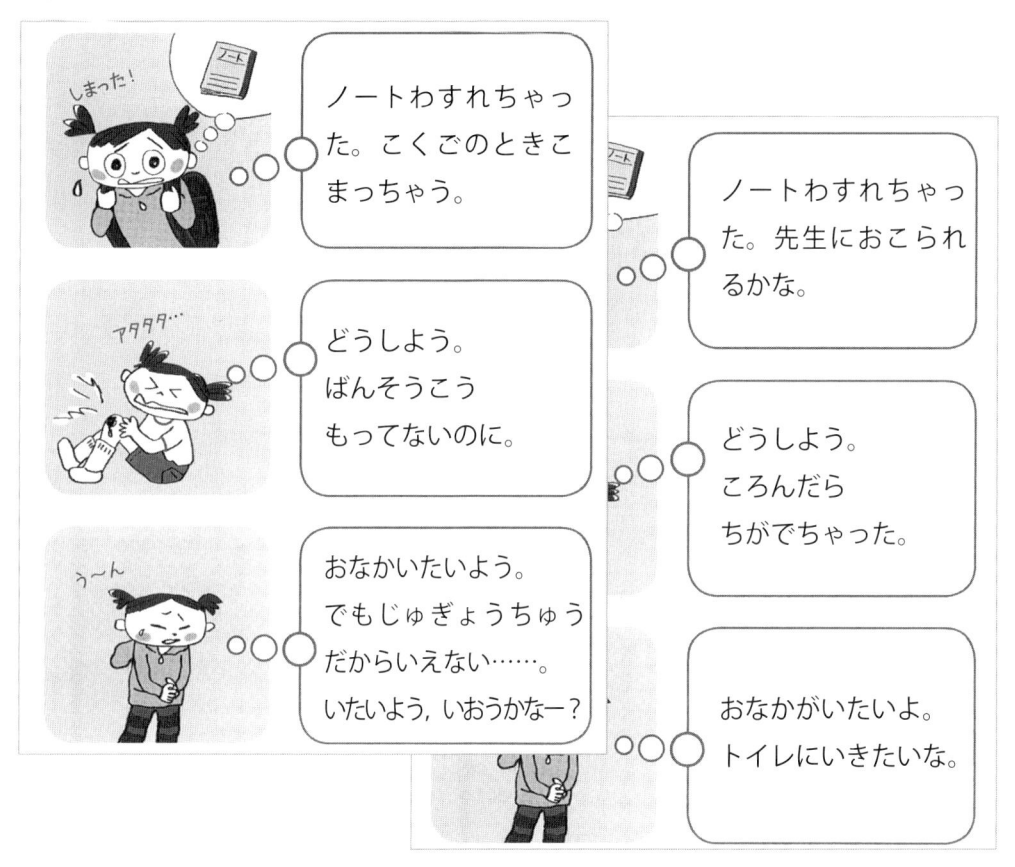

絵	吹き出し（例1）	吹き出し（例2）
しまった！（ノートを忘れた女の子）	ノートわすれちゃった。こくごのときこまっちゃう。	ノートわすれちゃった。先生におこられるかな。
アタタタ…（転んで足を押さえる子）	どうしよう。ばんそうこうもってないのに。	どうしよう。ころんだらちがでちゃった。
う〜ん（おなかを押さえる子）	おなかいたいよう。でもじゅぎょうちゅうだからいえない……。いたいよう，いおうかなー？	おなかがいたいよ。トイレにいきたいな。

時間の許す限りできるだけ大勢の子に発表させます。ほとんどの子が絵から適切な想像ができています。

続いて**ワーク②**に移ります。

ワーク② じょうずなたのみ方を考えよう

ワークの場面について説明します。

「最後に，消しゴムを貸してくれた友達が笑顔で『どういたしまして』って言ってますね。このように笑顔で貸してくれるように頼んでみましょう。」と私は強調しました。

子どもの解答を見てみましょう。

▼子どもの解答例

 全員の作業終了後，2人一組でロールプレイを行います。消しゴムを借りる側と貸す側に分かれて，自分の書いた台詞を読むのです。貸す側は最後に「どういたしまして」と笑顔で言います。
 役をかえて，もう一度行います。
「みんなどうだった？心から『どういたしまして』と言えるような上手な借り方をしてくれた友達がいたら紹介してください。」
と言葉かけをしますと，「〇〇君が上手だったよ。」という声が。
 みんなの前でロールプレイをやってもらいます。
 頼む内容だけではなく，声，表情などの頼み方も上手で，たしかにこんなふうに頼まれたら，笑顔で「どういたしまして」と言えるでしょう。
 みんなが大きな拍手をします。私も思わず「すばらしい！」と賞賛しました。

 ワーク③に進みます。

ワーク❸ ひとりではむりなときは……

拡大コピーを掲示をして，どんな場面の絵なのか全員で確認します。

まずワークの上の絵は，「男の子がけんかをしていて，女の子がこわくて止められない。」といった内容であることを確認します。
「あなた一人では止められそうにありません。あなたなら誰に助けてもらいますか？あなただったらどんなふうに伝えるのかも書きましょう。」
けんかしている場所，時間帯，けんかの程度により呼んでくる人も当然変わってくるでしょう。助けを求めた人に適切な言動ができればよいとします。

▼子どもの解答例

〈友達に助けてもらうとした子の場合〉

> ねー，男どうしでけんかしてるのとめたいんだけど1人じゃこわいの。てつだって。

〈先生に助けてもらうとした子の場合〉

> 先生，このふたりがけんかをしているからとめてください。

解答はいずれも適切です。発表するときに，「本当に助けを呼びに行ったように言ってね。」と要求します。みんななかなか上手で「すばらしい。これならすぐ助けに来てくれるね。」とたくさんほめます。

　次に下のイラストの状況を確認します。「荷物が重くて一人では運べなくて困っている。」と状況をまとめます。
　「では，誰を呼びに行きますか？そして，どういうふうに伝えるかも書きましょう。」と先ほどと同じように指示します。
　やはり，呼ぶ人はさまざまなのですが，先生に頼む子は思いのほか少ないのです。手伝ってくれっこないと思うのか，頼むと悪いと思うのかよくわからないのですが…適切に頼めていればよいとします。
　先ほどと同じように，声に出して発表してもらいます。頼み方はだんだん上手になってきています。

　日常でもこの調子で，困っている人を見つけて助けてあげたり，一人では無理なときは，自分で適切に頼めるようになってくれればな，と思いながら気もちメーターを書くように指示します。

〈大人の人に助けてもらうとした子の場合〉

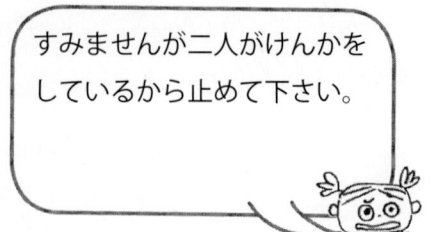

> すみませんが二人がけんかをしているから止めて下さい。

〈先生に助けてもらうとした子の場合〉

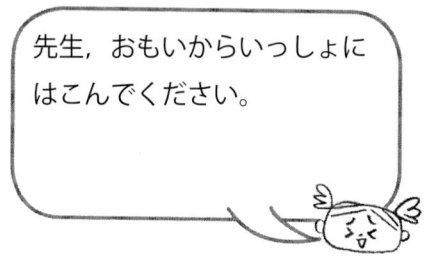

> 先生，おもいからいっしょにはこんでください。

〈大人の人に助けてもらうとした子の場合〉

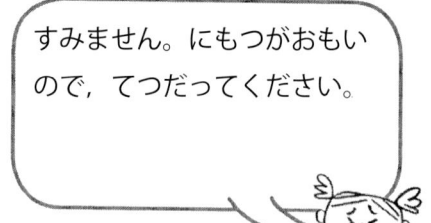

> すみません。にもつがおもいので，てつだってください。

〈友達に助けてもらうとした子の場合〉

> ねえねえ，おもいからてつだって，おねがい。

実践を通して工夫したこと，留意したこと

（1）拡大コピーを掲示して，今作業しなければならないのは，どの部分なのか，話題にしているのはどの部分なのかを明確にわかるようにする。

　はじめは，まったくの個人作業のワークとして扱うことも考えました。しかし，これはテストではありません。全員がやり方を理解して進めることが大切であると考えを改めました。一人で完結してしまうワークではなく，友達と社会性スキルを学びあうための教材としてワークを活用すべきだと判断したのです。1年間のソーシャルスキルワークでの実践を振り返ってみて，やはりこのワークは学級全員で学びあうほうが効果的であると考えています。

（2）できる限り，判断の理由・根拠を言わせるようにする。

　自分がなぜ，このように考えたかを説明させることが大切であると考え実践しました。気持ちを整理し，自分の内面を見つめることにつながると考えたからです。
　担任としても，ふだん気がつかない子どもの思わぬ価値観や感性に触れることができて有意義でした。

（3）保護者・学校に趣旨説明，実践報告をし，協力を呼びかける。

　新しい試みです。何よりも保護者や学校に実践の趣旨を理解してもらい，協力していただくことが大切です。
　私は，今年度最初の保護者会で，
・道徳の時間に心を耕すだけではなく，道徳的実践力もあわせて育てていくこと。
・人とのつきあい方，公共のルールやマナーの中で子どもに身についていないものは教える必要があること。
・そのために，『ソーシャルスキルワーク』を使って学習を進めること。
等を話し，理解と協力を求めました。
　そして，学校公開日に道徳の時間を公開しました。論より証拠，授業を見てもらうのが理解と協力へのいちばんの近道と考えたのです。
　保護者からは次のようなアンケートへの回答をいただきました。
　「子どもが道徳が楽しいといっている理由が授業を拝見してわかりました。私が子どものときは，道徳の時間は何かよくわからない時間で大嫌いでしたが，このような道徳なら"困ったとき（困っている人がいたとき）"どうすればよいか具体的にわかるから子どもが好きなのだと思いました。ワークもとても工夫されていると思いました。」
　これなら『ソーシャルスキルワーク』で学んだことが，家庭でも発揮できているかどうか

情報協力を得られそうです。
　保護者だけでなく，勤務校に仲間を広げたいものです。そのために，週案や学習指導案に『ソーシャルスキルワーク』を使った学習の計画を示し，授業をどんどん公開していくことが必要であると考えています。

実践を振り返って

「今のは，ふわっと言葉だったよ」
「そんなチクッと言葉言わないでよ」…
そんな会話をする子どもが増えてきました。
　同じことを言うのにも，ちょっと言葉を選ぶだけで，相手の受け取り方が違ってきます。『ソーシャルスキルワーク』でそのことを学んだ子どもたちは，相手の気持ちを考えながら話すことができるようになりつつあります。
　たとえ嫌なことを言われたときでも，あなたの言っている言葉は「チクッと言葉」だという指摘をおだやかに行えば，相手も気持ちを考えない発言だったことにはっと気がつき，素直に謝罪と「ふわっと言葉」への言い直しができます。「ふわっと言葉」「チクッと言葉」という共通の用語・考え方を子どもたちが獲得したことにより，ギスギス，トゲトゲした雰囲気が一掃され，おだやかで親和的なムードが学級の基調となってきたと実感しています。
　それだけではありません。ただ，傷ついているだけでなく，しっかりと自分の気持ちを主張できる子が増えてきたのです。黙っているよりもむしろ気持ちを率直に伝えるほうが事態が好転することを理解したためだと思います。
　子どもたちはもっともっと『ソーシャルスキルワーク』で学習したいそうです。それは，「ワークで学習すると，これまでどうしたらよいかわからなかったことが，ああ，こうすればよかったんだとわかるから」らしいのです。
　言うまでもなく人とうまくつきあっていくのは難しいことです。だからこそ，しっかりと学習する必要があると思います。
　これからも『ソーシャルスキルワーク』を使って，子どもたちが必要としている学習を具現化したいと思います。そして，同じ志をもつ方々と共に，子どもたちにソーシャルスキルを培う実践を積み上げていきたいと考えています。

あとがき

NPO 星槎教育研究所理事長　近藤正隆

　星槎グループは30年にわたって，学校になじみにくい子どもたちの支援をしてまいりました。その子たちの中には今でいう発達障害をもった人もいたのですが，とにかくなんとかして，みんな仲良く勉強も遊びもしたいと思って，手探りで活動してまいりました。

　その中で感じたのは「世の中には本当にさまざまな子がいるな」「どうやったらみんなが仲良く助けあっていけるかな」「どうやったらみんなのよさが発揮できるかな」ということでした。そんな中で試行錯誤をくり返し，ノウハウを積み重ねてまいりました。結果として「差別しない，仲間はずれにしない」「みんな違ってみんないい」をモットーにしました。

　学校教育で培ったものをもとに，4年前にNPO星槎教育研究所を設立し，学会での発表やセミナー，研修というかたちで発信しはじめましたが，このたび縁あって日本標準から書籍というかたちで世に問うことになりました。

　はじめに，『発達障がいを持つ子の「いいところ」応援計画』で著名な阿部利彦先生には，今，学校現場で起こっているさまざまな問題点を提示していただき，その解決方法として「やわらかいクラス作り」「ふわっと言葉によるクラス作り」と，それを養うソーシャルスキルトレーニング（SST）という大変わかりやすいかたちにまとめていただきました。

　第2章では，伊藤一美先生がソーシャルスキルとライフスキルを述べられ，幼児期・児童期にこの両者を身につけておく必要性を書いてくださいました。

　第3章では，ソーシャルスキルワークの中の「あいさつの重要性」「自尊感情の育て方」「やさしい言葉が満ちたクラスや家庭に」「相手のことを配慮しながら，自分の主張をしていくアサーティブな表現」など，学校，家庭いずれでも活用できる具体的な方法を提示していただきました。

　最後に宮津大蔵先生は，「今の子どもたちの"心"が問題なのではなく，コミュニケーションスキルが不足していて，教わる機会がないのが問題」と述べられ，ソーシャルスキルワークを使った実践を示してくださいました。

　私どもとしても改めてSSTの必要性を感じるとともに，お読みくださった皆様方のご意見やご叱正をいただき，それを今後の活動に生かし，また皆様方にもフィードバックしたいと考えております。ご執筆くださった先生方に御礼申し上げ，本書を世に出すことを勧めてくださった日本標準の編集部の皆様方に御礼申し上げます。

2009年6月

執筆者：**阿部利彦**　日本授業ＵＤ学会理事／星槎大学大学院准教授

宮津大蔵　元東京都新宿区立余丁町小学校教諭　桐蔭横浜大学教授

星槎教育研究所
　　安部雅昭　岩澤一美　髙田美香　前嶋深雪　三森睦子

星槎大学
　　伊藤一美　西永 堅

　星槎教育研究所は、幼稚園・保育園から不登校や発達障害のある子どもたちのための中学・高校、特別支援教育を担う教師や教育カウンセラーをめざす人のための大学など、あらゆる年齢層に新しい学びの場を創設している星槎グループのNPO法人です。特別な支援が必要な子どもに対してのCSST（チャイルド・ソーシャルスキル・トレーニング）を行う場としての教育支援センター事業や、不登校の子どもたちのフリースクール事業、青少年の自立支援事業（平成20年8月東京都よりコンパス事業を委託）、特別支援教育セミナーの開催、教材の開発など幅広く活動しています。

クラスで育てるソーシャルスキル

2009年8月10日　初版第1刷発行
2017年2月25日　初版第5刷発行

編著：NPO星槎教育研究所
発行者：伊藤　潔
発行所：株式会社 日本標準
　〒167-0052　東京都杉並区南荻窪3-31-18
　TEL 03-3334-2630
　FAX 03-3334-2635
　URL http://www.nipponhyojun.co.jp/
編集協力：株式会社 ケアフィット・ネットワーク
メインデザイン：いわいいづみ
表紙・本文イラスト：有限会社ワイワイ・デザインスタジオ（山下直子）
印刷・製本：株式会社リーブルテック

ISBN 978-4-8208-0414-7

Printed in Japan

◇乱丁・落丁の場合はお取り替えいたします。
◇定価はカバーに表示してあります。